ÉTUDES THÉRAPEUTIQUES

SUR LE

CHLORATE DE POTASSE

MÉMOIRE

PRÉSENTÉ A LA FACULTÉ DE MÉDECINE DE PARIS

AU CONCOURS

POUR LE PRIX CORVISART

Le 25 Août 1857,

PAR

Henri-Joseph DUMONT

Interne lauréat :

1er prix : Médaille d'argent des hôpitaux de Paris (1856).

COULOMMIERS

IMPRIMERIE DE A. MOUSSIN

1862

ÉTUDES THÉRAPEUTIQUES

SUR LE

CHLORATE DE POTASSE

MÉMOIRE

PRÉSENTÉ A LA FACULTÉ DE MÉDECINE DE PARIS

AU CONCOURS

POUR LE PRIX CORVISART

Le 25 Août 1857,

PAR

Henri-Joseph DUMONT

Interne lauréat :

1er prix : Médaille d'argent des hôpitaux de Paris (1856).

COULOMMIERS

IMPRIMERIE DE A. MOUSSIN.

1862

QUESTION PROPOSÉE :

Déterminer, par des observations recueillies dans les cliniques de la Faculté, l'action thérapeutique du **Chlorate de Potasse.**

MÉMOIRE

Classé le deuxième

Et honoré par le Jury de la première Mention.

A LA MÉMOIRE DE MA GRAND'MÈRE

A MON GRAND PÈRE, LE DOCTEUR SAUTREAU

A MES FRÈRES ET SŒUR

A MES MEILLEURS AMIS :

M. ET Mme GEOFFROY

M. LE DOCTEUR V. RACLE

Médecin de l'hôpital des Enfants.

M. ET Mme MOUSSIN

Mme ET M. SERRET

Avocat à la Cour impériale.

Je dois adresser mes remerciements aux professeurs bienveillants qui ont facilité mes recherches : à MM. les professeurs VELPEAU, BOUILLAUD, TROUSSEAU, PIORRY, ROSTAN, RICHET.

Très-honoré Confrère,

J'ai lu, avec beaucoup d'intérêt, votre *Mémoire sur le Chlorate de Potasse*, et j'en souhaite l'impression, persuadé que le public médical le jugera comme les Juges du Concours, et moi-même.

Mille compliments de votre bien dévoué,

A. RICHET,

Professeur agrégé de la Faculté de Paris,
Chirurgien de l'hôpital Saint-Louis.

INTRODUCTION

L'étude d'un médicament nouveau est entourée de difficultés sans nombre : d'un côté c'est l'élan des admirateurs, de l'autre c'est la passion de la critique, et souvent la résultante de toutes les expérimentations opposées conduit en dernière analyse, à ce qui n'est plus la dénégation absolue, à ce qui ne saurait être encore l'admiration, mais aux convictions sagement réservées d'un éclectisme éclairé.

Entraîné par les éloges prodigués au *chlorate de potasse* nous n'avons pas pu nous défendre d'un vif sentiment d'intérêt en commençant nos expérimentations. Nous espérions voir se réaliser sous nos yeux tous les effets heureux qu'on lui avait attribués, toutes les espérances qu'on nous avait promises.

Nous avons éprouvé plus d'une déception dans le cours de nos recherches et nous avons déploré, plus d'une fois, de ne pas partager sur tous les points les croyances des premiers observateurs.

Cependant il y a, à notre avis, des enseignements importants à tirer des observations que nous avons faites. Nous croyons, en effet, que tout expérimentateur doit être pénétré de cette vérité que :

Le rôle véritable de la science doit être de détruire les erreurs, de confirmer les vérités anciennes quand elle n'en peut créer de nouvelles.

PLAN DU TRAVAIL

Voici l'ordre dans lequel nous avons conçu ce travail.

Nous n'avons pas cru devoir rechercher notre division dans un ordre soit anatomique, soit purement pathologique; nous l'avons puisé dans la thérapeutique elle-même, c'est-à-dire, dans le cœur de notre sujet.

Nous ne parlerons pas des premiers chapitres, dans lesquels nous avons donné une idée générale du chlorate de potasse et de la difficulté que présentait son étude.

Nous n'avons pas du, non plus, quoique nous ayions consacré un chapitre à cette étude, insister sur l'action physiologique du chlorate de potasse; mais, par opposition, nous n'avons pas craint d'insister longuement sur le classement du chlorate parmi les agents de la matière médicale. C'est une question qui n'avait pas encore été même effleurée et qui, cependant, nous paraissait être le point capital de l'étude qui nous était proposée.

C'est peut être *un déclassement* que nous avons opéré, mais qu'importe, la vérité n'y trouve pas moins son compte.

Ensuite nous avons étudié le chlorate de potasse dans les différentes classes de maladies.

Tout d'abord, c'est dans les maladies où, jusqu'à présent, il avait le mieux réussi que nous avons suivi ses effets, c'est-à-dire dans presque toutes les angines et les stomatites.

Puis conduit par des déductions aussi légitimes que possible, nous avons étudié le chlorate de potasse dans les maladies de certains organes, où cet agent manifeste une action sensible à l'état physiologique; c'est ainsi que nous en avons fait l'étude, surtout dans certaines hypersécrétions, telles que le catharre bronchique, vésicale, les écoulements de l'urètre et du vagin etc.

Enfin, avec quelques auteurs entrant dans la voie d'un empirisme plus ou moins raisonné, nous avons cherché à connaître son action dans un certain nombre d'affections où rien ne pouvait faire prévoir qu'il dût agir. — C'est ainsi que nous l'avons expérimenté dans la syphilis, dans le rhumatisme, dans l'ictère, etc.

Quelques raisons que nous aurons à développer, nous ont ensuite engagé à l'essayer, comme moyen externe, dans les blessures, les ulcères et à titre de Parasiticides.

Il nous a paru utile de donner, dans un chapitre à part, tous les renseignements qui résultent d'une expérience assez longue, sur la question de savoir dans quel cas on peut être autorisé à tenter l'emploi du chlorate de potasse, et, à l'inverse, dans quels cas aussi on devait l'exclure.

Peut-être y avait-il quelqu'intérêt à renseigner ceux qui n'ont pas eu encore l'habitude d'un médicament aussi nouveau, sur les indications et les contr'indications de son emploi.

Bien qu'il s'agisse ici plutôt de recherches purement thérapeutiques, que d'une étude de matière médicale, nous avons cru devoir terminer par un chapitre de Posologie, parce que nous avons trouvé l'occasion de développer sous ce titre un certain nombre de considérations d'utilité pratique et en même temps d'un ordre élevé.

I. — Difficultés des recherches.

1° Il ne faut approcher de la douleur qu'avec respect. Telle est, on peut le dire, la maxime de toute l'école de Paris et de toutes les Écoles.

C'est dans cette considération que se trouve la première difficulté des recherches à faire sur un médicament nouveau. Tous nos maîtres, même les plus enthousiastes de ce qui touche aux progrès de la thérapeutique, ont toujours sous ce point de vue, préféré le doute, sur la valeur d'un médicament, à des tentatives expérimentales qui ne sont pas suffisamment justifiées. Bien que le chlorate de potasse ne soit pas un des agents énergiques de la médecine, on n'en est pas moins obligé à beaucoup de réserve dans son emploi, soit parce qu'on peut craindre de préjudicier à la santé du malade, soit à cause des résultats encore fort incertains qu'il peut produire ; ce qui pourrait donner à l'expérimentation, le caractère d'une véritable expectation.

Quels que soient les opposants ou les crédules, il n'est pas vrai que les hôpitaux soient le théâtre privilégié des expérimentations *in anima vili*. Cette crédulité est peut-être issue d'un sentiment honorable, mais elle ne doit point pousser l'excès de sa sollicitude jusqu'à prêter l'oreille aux discours qui ont opposé à l'école du bon sens les doctrines du panhelmintisme (médecine animée) et des infiniments petits.

Question d'humanité, voilà le plus grand obstacle qui se soit dressé devant nous ; il en est bien d'autres cependant, quoique d'une importance secondaire, dont nous aurions bien du peut-être demeurer le seul confident.

2° Nous n'avons pas du laisser ignorer cependant, quelques peines dont quelques autres moins persévérants seraient devenus les victimes ; c'est qu'il n'est pas aisé à tous les profanes, d'aborder à loisir les grands maîtres des cliniques ; ils ont autour d'eux une garde fidèle, mais trop peu généreuse peut être, qui refuserait volontiers à tous ceux qui n'ont pas, comme eux, le droit de cité, le privilége d'étudier les malades, pour mieux faire germer la parole du maître.

Nous ne formulons pas une plainte, nous voulons seulement éveiller un peu de sollicitude sur des concurrents qui pourraient, après nous, rencontrer les mêmes obstacles.

3° Nous ne dirons pas que c'eut été pour nous un scrupule de mettre en usage un médicament qu'on avait expérimenté bien avant nous ; cependant, il nous répugnait de faire une série d'expériences, sans faire, pour l'acquit de notre conscience, des expériences préalables sur nous-mêmes.

C'est surtout à ce mode d'expérimentation que nous avons demandé les résultats qui constituent ce que l'on appelle l'action physiologique du médicament.

Ces recherches, comme on le verra bien par la suite de notre mémoire, n'ont pas eu pour but de nous faire écrire un chapitre consacré à l'étude physiologique du médicament, car nous devions respecter le programme qui en fait une interdiction formelle. Toutefois cette étude nous était imposée, puisqu'elle devait éclairer les phénomènes qui allaient se dérouler devant nous au lit du malade.

4° Nous avons fait aussi contribuer les animaux, pour leur part, à ces expériencces physiologiques.

Et, c'est après avoir constaté combien ce médicament, à doses élevées, était inoffensif, que nous avons pu, sans arrière pensée, le prodiguer à la plupart de nos malades.

II. — Idée générale sur le Chlorate de Potasse.

Les premiers expérimentateurs accordaient au chlorate de potasse les vertus d'un médicament essentiellement réparateur, en ce sens, qu'il devait abandonner à l'économie la plus grande partie de son oxigène, c'est-à-dire, de ce qu'on appelait autrefois *phlogistique;* or, n'y a-t-il pas lieu de s'étonner de voir, à quelques années de distance, le même médicament qualifié *d'antiphlogistique ;* et encore, contre quelle phlégmasie, veut-on l'employer; contre celle dont quelques auteurs ONT FAIT le type des phlégmasies, c'est-à-dire contre le rhumatisme articulaire aigu ?

D'autres en ont fait un accélérateur de la circulation cardiaque et vasculaire, d'autres même vont jusqu'à le rendre responsable d'hypertrophies du cœur et de dilatations artérielles. Puis, à côté et par opposition, on lui atttribue une vertu sédative de cette même circulation.

Un crédule redoute les convulsions qu'il détermine, un bienveillant espère en sa force anti-spasmodique.

Nous ne voulons pas prolonger cette liste de propriétés contradictoires ou gratuitement supposées; toutefois c'était une nécessité pour nous de représenter dans un cadre très-restreint les difficultés du problème à résoudre.

C'est dans le but de poursuivre la solution de ces questions contradictoires, que nous avons institué nos propres expériences et que nous avons, ainsi qu'on le verra, donné à ces dernières une direction particulière.

Nous ne voulons pas anticiper sur le jugement que nous devons, en définitive, porter sur ce médicament. Qu'il nous soit permis, toutefois, de dire à l'avance, que, moins habile ou moins heureux, nous n'avons jamais pu constater aucune de ces propriétés si tranchées qui devaient mériter à ce sel, au dire de quelques auteurs, les honneurs du premier rang dans la thérapeutique.

III. — De l'action du Chlorate de Potasse considérée d'une manière générale.

Nous allons exposer d'une manière rapide les effets du chlorate de potasse, soit à l'intérieur soit à l'extérieur. Cette étude nous parait indispensable pour mettre en lumière les détails de notre mémoire tout entier et pour nous éviter de fastidieuses répétitions.

Le chlorate de potasse est un sel désagréable à prendre à l'intérieur, et dont on ne peut pas toujours masquer la saveur; ce fait seul est un très-grand inconvénient, car nous avons vu des malades se refuser au bout de peu de jours à prendre ce médicament; et cela nous est arrivé non seulement pour des enfants mais encore pour des adultes. Cependant cette répugnance peut être surmontée par un peu de bonne volonté.

A l'état solide il a d'abord une saveur fraîche, salée, piquante ; il fait mousser la salive ; il laisse dans la bouche un état de sécheresse notable ; au passage à la gorge, il détermine une légère irritation, qui peut arriver jusqu'à causer une amygdalitée chez ceux qui y sont prédisposés ; nous avons nous-mêmes, et à plusieurs reprises, éprouvé cet accident. — En solution dans l'eau ou dans une potion, il est plus tolérable ; la sensation de fraicheur manque, elle est remplacée par un goût fade et nauséeux ; moins de danger d'amygdalite. Ces derniers résultats ne doivent pas étonner, vu le peu de solubilité du sel ; on sait en effet, que, dans une potion de 125 grammes, on ne peut en faire dissoudre à chaud qu'une quantité de 6 grammes 03, et qu'a froid, sa solubilité est moitié moindre ; en sorte que si l'on en prescrit 4 grammes il reste toujours un dépôt d'une notable portion de sel.

L'intérieur de la cavité buccale présente, pendant un certain temps, une teinte blanchâtre, qui rappelle l'apparence pultacée de quelques stomatites simples, ou mieux celle de l'action du vinaigre.

Dans le pharynx, sensation de sécheresse. Chez beaucoup de malades, au niveau de l'orifice supérieur du larynx, sensation de sécheresse et de picotement qui engage les malades à tousser ; si bien que dans les maladies des voies aériennes, on doit quelquefois craindre l'usage de ce médicament. Rien d'appréciable dans l'œsophage, surtout quand le chlorate est pris en solution.

Dans l'estomac, douleur légère, picotement, perception anormale, bizarre, d'un besoin d'aliments, qui n'est pas une faim naturelle. Quelquefois sensation de brûlure ascendante, plus tard quelques coliques, ni diarrhée, ni constipation, quelques gaz.

Il est à remarquer que l'action du médicament est différente à jeun ou après la réplétion de l'estomac. Après un repas copieux, il est certain qu'il produit quelquefois une indigestion intestinale et un peu de diarrhée, sans aucune des sensations désagréables que nous avons indiquées. C'est à jeûn qu'il produit toutes ces sensations au degré le plus marqué. Mais si prenant un moyen terme, on n'administre qu'une petite quantité d'aliments capable seulement de diluer le médicament et de préserver les parois de l'estomac de son contact exclusif, il n'y a ni sensations désagréables, ni troubles de la digestion.

Les annexes du tube digestif semblent être légèrement impressionnées par l'action irritante du chlorate ; l'un de ses effets les plus appréciables consiste dans un flux biliaire, accusé par une coloration en vert des matières fécales.

Les recherches les plus récentes ont démontré que ce médicament est absorbé et rendu en nature. Maintenant est-il ou n'est-il point décomposé dans son transport à travers l'économie, voilà ce qui n'est pas démontré, car il pourrait être en partie éliminé en nature, tandis que le surplus serait modifié. Pour soutenir que cette dernière alternative est dénuée de fondement, il faudrait pouvoir doser la quantité du sel rendu par les excrétions, puis la comparer à la dose ingérée, et c'est ce qui n'a pas été fait jusqu'à présent.

Des procédés d'analyse que la nature de ce mémoire ne nous autorise pas à exposer ici, ont permis de le suivre dans toutes les parties de l'économie.

Ainsi, on le retrouve dans l'urine, dans la salive, dans le mucus nasal, bronchique, dans les larmes, la sueur, dans le lait des nourrices, etc.

Voici l'ordre de cette élimination :

Au bout d'un temps fort court, le médicament commence à être éliminé, car il en apparaît déjà des traces dans les sécrétions. Et c'est à ce moment qu'il présente au thérapeutiste la partie la plus importante de son étude.

La première apparition se fait dans la salive; en peu de minutes ; plus tard c'est la sécrétion urinaire qui vient en accuser la présence ; on en trouve ensuite dans les larmes, dans le mucus nasal et bronchique et dans la sueur. Il est à remarquer que si les matières fécales et la bile en contiennent des traces il est très-difficile de les constater à cause des matières colorantes qui masquent la réaction. — De ce que le lait des nourrices en contient évidemment des traces, l'on a tiré de là l'idée de l'administrer par cette voie aux nourrissons.

L'élimination d'une dose de chlorate de potasse, prise en une fois; dure en moyenne 24 heures; la salive cesse plutôt que l'urine d'en déceler la présence.

Après les voies urinaires, les voies salivaires éliminent la plus grande partie du chlorate de potasse tandis que les autres glandes ne le rejettent qu'en quantité infiniment moins considérable. De sorte que les glandes salivaires, vu la moindre abondance de leur produit, doivent être considérées comme un des émonctoires les plus importants pour l'élimination de cette substance. Ajoutons enfin que si le médicament est pris à haute dose, c'est le liquide excrété qui augmente et non pas le temps consacré à l'excrétion.

Quant à l'action du médicament sur les autres appareils de l'économie (cœur, système artériel, nerveux, respiratoire, etc.), sa puissance ne nous a pas paru assez grande pour mériter une mention spéciale. D'ailleurs nous n'avons pas voulu faire ici de physiologie; nous sommes trop pénétré pour celà du respect dû au programme qui nous est proposé par la Faculté.

IV. — Classement du Chlorate de Potasse dans la matière médicale.

A QUELLE CLASSE THÉRAPEUTIQUE APPARTIENT NOTRE MÉDICAMENT ?

1° *Action topique.* — Sur la peau saine et revêtue de son épiderme, elle est nulle ; si la peau recouvre un épanchement ecchymotique, action résolutive légère, qu'il faut attribuer peut être beaucoup plus à la température de la solution qu'à son énergie médicamenteuse.

Si la peau a été dépouillée de son épiderme, ou lorsque sa vitalité a été modifiée par des ulcères, des varices par exemple alors le chlorate de potasse agit plus évidemment et détermine en général une cicatrisation assez rapide.

Sur les muqueuses saines il détermine une coloration blanchâtre, comme les astringents et les styptiques ; mais il ne produit ni l'astriction, ni l'âpreté de ces médicaments (alun, tannin, borax,) et les membranes ne conservent pas cette apparence tannée qui résulte de leur emploi. Il y a tout au plus, de la sécheresse et un peu d'érection des papilles. Ne faut-il pas voir dans ces phénomènes une simple modification chimique plutôt qu'une action réellement astringente.

Quand les muqueuses sont ulcérées ou enflammées, l'irritation douloureuse que réveille le médicament excite une sécrétion plus ou moins abondante. De là résulte cette apparente contradiction, que le même médicament qui, pris à l'intérieur peut arrêter quelques flux (salivation), agira comme topique, en sens absolument opposé.

2° *Action après absorption.* — Nous avons dû comparer le chlorate de potasse aux médicaments qui constituent les types principaux de la matière médicale. Voici le résultats de nos observations.

AGIT-IL COMME LES ALCALINS?

Le chlorate de potasse, personne ne l'ignore, n'a point de réaction alcaline ; mais on a pu cependant fonder quelques espérances sur l'action de sa base, en le comparant aux différents sels potassiques. Il fallait donc l'essayer. Or, il résulte de toutes nos expérimentations que, d'abord, il n'agit nullement comme topique alcalin, car il laisse persister l'acidité des sécrétions contre lesquelles on le met en usage. Ainsi par exemple, dans le muguet où la sécrétion est toujours acide, les gargarismes, les collutoires au chlorate de potasse, n'ont jamais amené l'alcalinité de la salive.

D'ailleurs, avant que l'expérience eût répondu, fallait-il tant compter sur cette prétendue puissance d'alcalinité, lorsqu'on voit réussir, dans cette même maladie, des médicaments dont le caractère chimique est absolument contraire ? L'alun vient en effet protester contre ces raisonnements chimiques ; il est acide et il guérit le muguet !

D'un autre côté, nous avons étudié notre médicament dans les affections rhumatismales chroniques (23 St-Jean de Dieu, ob. 48), dans les affections calculeuses (17 St-Charles ; 19 Ste-Anne, ob. 38), et chez aucune d'elles nous n'avons constaté les effets qui caractérisent d'ordinaire les alcalins. Bien loin de là, les concrétions d'acide urique se sont produites, pendant le traitement par le chlorate, dans les urines d'un malade qui n'en avait point à son entrée (n° 13 St-Charles, ob. 43).

Nous sommes donc autorisé à douter que notre médicament jouisse des propriétés alcalines.

AGIT-IL COMME ALTÉRANT ?

Pour qu'il fût altérant, nous devions exiger de notre médicament qu'il pût modifier la qualité du sang, sa composition et par suite les productions pathologiques. Or le sang de nos malades ne nous a pas semblé bien certainement altéré. Un malade (n° 3 St-Jean de Dieu, ob. 3), nous offrait quelque épistaxis dans le cours de la médication chloratée, mais c'était un pauvre phtisique chez qui l'altération du sang et les épistaxis symptômatiques dépendaient de la cachexie tuberculeuse. Le chlorate de potasse était bien innocent de ces accidents suivant toute vraisemblance. Beaucoup de nos malades ont offert des saignements de dents, Mais à coup sûr, c'était un syptôme de la stomatite et non de l'état d'altération du sang. Qu'il nous soit permis toutefois de dire que, parmi les chiens que nous avons soumis au chlorate de potasse, l'un d'eux mort peut être des suites du médicament, nous présentait un sang légèrement diffluent. Nous avons vu quelques malades accuser plusieurs fois notre sel de l'état d'accablement où ils se trouvaient (Charité. n° 3 ; St-Jean de Dieu, ob. 3, n° 19, Ste-Madeleine, nos 2 et 7 Ste Anne, ob. 4, 8 et 7 ; n° 13 St-Bernard, Hôtel-Dieu ; ob. 12) ; mais presque tous sont morts. N'auraient-ils pas présenté normalement cette prostation avant de succomber. Le chlorate ne nous a pas semblé être bien clairement la cause de cet état cachéctique.

Maintenant peut-être y aurait-il contradiction à faire du chlorate de potasse un médicament altérant, si l'on croyait les assertions des auteurs qui en font un spécifique contre le scorbut. — Nous n'avons pas eu occasion d'observer le chlorate de potasse dans cette dernière maladie, mais pour arriver à la guérir il faudrait un médicament dont l'action fut justement opposée de celle des altérants.

Il est permis de répondre à cette objection en signalant beaucoup de médicaments qui combattent utilement les effets d'une cachexie, et qui cependant sont eux-mêmes des altérants, tels sont les diurétiques, qui font écouler au dehors le liquide dont le tissu cellulaire aurait pu s'infiltrer, dans l'anasarque par exemple, et qui deviennent altérants si on les emploie longtemps ou à une dose trop élevée.

A ce titre nous devions comparer son action à celle du nitrate de potasse et des bicarbonates alcalins, puisque telle est aussi leur action qu'ils se placent dans la médication altérante et contro-stimulante.

Cependant, s'il est vrai que le nitre compte des succès nombreux comme altérant dans le rhumatisme articulaire aigu, nous ne saurions pousser le rapprochement jusqu'à faire le même honneur au chlorate de potasse ; car dans cette affection où l'élément inflammatoire joue *dit-on* un grand rôle, le chlorate de potasse n'a pas réussi à la dose de 8 gram. au moins (salle Ste-Agnès, nº 13, ob. 49), ou bien pour que notre sel produise un effet altérant, faut-il le donner à la dose énorme de 20 gram. comme on l'a fait. Mais nous avons beaucoup d'autres médicaments qui produisent le même effet à dose bien plus légère et surtout à moins grands frais pour le malade. Ce n'est donc pas à cause de ses quelques propriétés altérantes si tant est qu'elles existent, que le chlorate de potasse méritera de rester dans la thérapeutique.

AGIT-IL COMME SÉDATIF?

Il y a des sédatifs de plusieurs sortes, les sédatifs du système nerveux que l'on appelle antispasmodiques, ceux de la circulation (sédatifs proprement dits). Voyons en quelques mots ce qu'il faut penser de ses effets sur la circulation.

Dans le but de répondre à cette question nous avons examiné le pouls de la plupart de nos malades aux diverses périodes de la médication chloratée. Nous avons, sans doute, observé des différences chez nos malades, d'une période à l'autre, d'un jour au jour suivant, du matin au soir. Mais ces variations, personne ne l'ignore, sont des modifications de physiologie pathologique, et nous ne pouvions malgré tout, en faire honneur au chlorate de potasse. La fièvre si continue qu'elle soit, n'en a pas moins une rémission légère, que dans aucun cas, on ne saurait attribuer sans examen à l'intervention d'un médicament. Pour qu'elle fut regardée comme l'effet du chlorate, il faudrait que la sédation de la circulation vint au bout d'un certain délai, pour une dose donnée du médicament.

D'ailleurs la sédation circulatoire n'est-elle pas encore accusée par la pâleur des téguments, une sueur froide, la faiblesse musculaire, les vertiges, l'obnubilation de la vue, etc., etc. Eh bien! personne ne peut douter que jamais le chlorate de potasse n'a produit aucun de ces effets.

Maintenant si l'on venait nous dire que les propriétés diurétiques du chlorate de potasse lui donnent un caractère de médicament sédatif nous répondrions que :

1° La sécrétion urinaire, à de très-petites exceptions près ne nous a jamais paru augmenter d'une manière notable, au moins aux doses de 4 et 8 grammes par jour, les seules qu'il nous ait été permis d'expérimenter.

2° Que cette sécrétion n'a jamais présenté les caractères de crudité qu'on observe dans l'action des sédatifs proprement dits (digitale, nitrate de potasse, etc.). Nous sommes obligé, comme on le voit, d'empiéter sur la discussion des propriétés diurétiques du chlorate de potasse; mais nous ne pouvions faire autrement, eu égard au but proposé dans ce paragraphe.

AGIT-IL COMME DIURÉTIQUE?

Nous avions commencé notre mémoire en faisant l'examen comparatif des urines chez des malades traités par le chlorate et chez d'autres non soumis à notre sel. Nous mesurions les urines des 24 heures; nos chiffres ne nous donnaient que des augmentations à peine appréciables — encore ces augmentations momentanées pouvaient-elles, dans presque tous les cas trouver leur explication dans l'abondance des boissons que buvaient les malades.

Nous parlons ici de ceux qui ne prenaient que 4 et 8 grammes par jour; or, chez eux nous pouvons l'affirmer, la présence d'un effet diurétique était l'exception. A peine en avons nous trouvé quelques uns, comme le n° 3 St-Jean de Dieu dont les urines étaient augmentées. Nous croyons que cette diurèse, d'ailleurs légère, chez ces malades, tenait bien plus à la sensibilité rénale propre à quelques sujets, qu'à une action réellement diurétique. Nous ne voulons pas nier, loin de là, qu'à la dose de 20 grammes et plus, les malades ne puissent offrir de la diurèse, mais aucun de nos patients n'a pris une dose pareille.

Qu'importe, après tout, qu'à 15 ou 20 grammes il jouisse de cette propriété ; ne perdons pas de vue que la thérapeutique n'a que faire d'un agent qui n'excite la sécrétion urinaire qu'à aussi haute dose! Ira-t-on jamais requérir cette puissance quand tant d'autres, grâce à quelques centigrammes et même à quelques milligrammes seulement, produiraient du même coup, plusieurs effets internes dont on a tour à tour gratifié le chlorate de potasse : Effet diurétique, effet sédatif, effet hyposténisant.

EST-CE UN AGENT D'HÉMATOSE ?

Nous avions l'intention formelle de garder le silence au sujet de cette prétention toute théorique, mais il s'est trouvé de nouveaux défenseurs de cette opinion fossile. — Deux mots seulement suffiront.

Tout agent d'hématose doit produire : 1° une augmention de la température du corps, 2° une vascularité plus riche des tissus et surtout des réseaux capillaires périphériques. 3° Il doit faire disparaître de l'urine certaines productions anormales, telles que les calculs d'acide urique.

D'abord, nous avons observé attentivement presque tous nos malades à ce point de vue de la calorification, et la fièvre seule modifiait, le soir surtout, la température du matin; rien ne décelait chez eux une circulation plus active ; si quelquefois nous avons pu examiner de leur sang, il ne nous apparaissait pas plus coagulable, loin de là.

Pour la vascularisation plus grande des tissus nous n'en avons jamais observé d'exemple.

Enfin le chlorate de potasse a-t-il manifesté quelques tendances à diminuer ou à détruire les produits d'une oxigénation insuffisante. On sait en effet que les doctrines chimiques modernes attribuent les concrétions calculeuses d'acide urique à un défaut d'hématose. Si l'oxigénation du sang se faisait dans des proportions normales, cet excès d'acide urique se transformerait en urée. Or, bien loin de là, chez un malade affecté de gravelle urique (n° 19 Sainte-Anne. Charité, ob. 38) nous n'avons jamais vu disparaître ni même diminuer ces concrétions anormales. Il y a même plus, c'est que des sujets qui offraient des urines parfaitement limpides avant l'usage du sel, présentaient, après son emploi, une quantité très remarquable de ces graviers, que le chlorate avait produit, loin de les détruire ou de les prévenir.

Notre conclusion retourne donc la proposition et admet que certains faits qui indiquent une insuffisance d'oxygénation, sont favorisés par le chlorate de potasse.

EST-IL ANTITOXIQUE ?

Intoxication saturnine (coliques etc.), intoxication mercurielle (tremblement etc), tels sont les deux états que nous avons étudiés à ce point de vue. Nous pouvons affirmer que notre sel n'a pas eu d'efficacité notable. S'il a eu quelque puissance c'était contre les éléments : stomatite, gengivite, qui avaient survécu aux accidents primitifs, contre le boursouflement et le liseré gris plombé des peintres et contre l'altération des gencives autrefois frappées par le mercure. Si les coliques ont quelquefois disparu, c'était en général parce qu'on venait de purger les malades.

Comme on le voit, nous avons entrepris la tâche difficile de classer le chlorate de potasse parmi les agents de la matière médicale. Malgré les travaux entrepris jusqu'à ce jour, la question restait toute entière Il ne nous a pas été donné de la résoudre, parce que les propriétés du médicament à expérimenter ne le rapprochent franchement d'aucune des classes bien tranchées de la thérapeutique.

Nous ne voulons pas dire pour cela que le chlorate n'ait pas quelques propriétés, mais elles sont diverses, si nous pouvons ainsi dire, et il faut, comme nous allons le faire, en poursuivre les recherches dans les affections les plus différentes.

V. — Dans les maladies diphthéritiques.

Après les succès non douteux que le chlorate de potasse avait remporté dans la stomatite mercurielle, affection si souvent diphtéritique, après les cures incontestables et rapides opérées par son secours dans la stomatite ulcéro-membraneuse, surtout chez les jeunes enfants.....

On avait été conduit en généralisant les faits, à vouloir traiter le croup etc., en un mot la diphthérite en général, c'est-à-dire le genre, par les mêmes moyens que les fausses membranes localisées, c'est-à-dire l'espèce.

L'expérimentation a donné à cette idée d'ensemble des réponses si diverses, qu'il devient indispensable de chercher s'il n'y a pas une cause nécessaire à ces différences. Et surtout ne faut-il pas se demander si ce n'est pas dans le défaut d'identité des lésions et des maladies, qu'il faut chercher la variété des résultats.

En conséquence, il est indispensable que nous jetions de très-haut un coup d'œil général sur les différentes affections diphthéritiques, en nous inspirant des belles recherches de MM. Bretonneau et Trousseau.

En premier lieu, nous nous demandons s'il faut admettre une diphthérite locale, celle qui se prêterait le mieux à l'action du chlorate de potasse.

Nous savons bien que certains vésicatoires se couvrent de fausses membranes, sans pouvoir donner lieu à la moindre trace de suppuration; bien que ce soit le résultat presque certain d'une disposition générale de l'économie, nous ne voyons là avec la plupart des auteurs qu'une affection diphthéritique localisée.

Lorsque la cantharide est absorbée, soit par la voie endermique, soit par l'estomac, on voit souvent se développer les accidents de la diphtérite dite cantharidienne et les urines entraînent alors de fausses membranes provenant de l'intérieur de la vessie. Ce fait nous paraît être le résultat d'une simple vésication de la surface des voies urinaires, sans qu'il y ait pour cela affection générale de l'organisme.

Chez quelques femmes enceintes, par suite de la congestion habituelle du col de l'utérus et de la partie supérieure du vagin, on voit fréquemment une espèce de diphthérite, qui se caractérise par une exsudation très-abondante de fausses membranes blanches, floconneuses, présentant tous les caractères de la desquamation épithéliale. C'est encore, à notre avis, une production pseudo membraneuse de cause locale. (Diphthérite vaginale).

Enfin, dans les cas d'ophtalmie blennorrhagique et purulente, où l'on trouve une fausse membrane, nous voyons encore une des formes de la diphthérite locale.

Comme on le voit par ces exemples, nous ne voulons pas nier l'existence de ces espèces de diphthérite, mais par cela même que nous en reconnaissons la réalité, nous voulons établir l'immense différence qui existe entre cette forme diphthéritique locale et la forme diphthéritique de cause générale.

Arrivant maintenant à cette dernière espèce, nous constatons que, dans l'immense majorité de cas, la diphthérite doit être rapportée à une cause générale, et que l'on aurait certainement tort de croire que la localisation d'un produit pathologique exclut la généralisation de la cause qui l'a provoqué.

Ainsi la stomatite ulcéro-membraneuse ne nous a pas paru, dans nos observations, se développer indifféremment chez tous les enfants. Cette affection est presqu'inconnue dans les habitations de l'intérieur de la ville. Et, au contraire, lorsqu'un enfant entre à l'hôpital, pour une affection tout-à-fait étrangère (maladies aigues etc.), il arrive souvent qu'après une ou plusieurs semaines de séjour, il est pris de cette affection, à laquelle il n'était exposé ni par la nature de sa constitution, ni par l'hérédité, ni par ses maladies antérieures.

La cause qui agit sur cet enfant est l'influence qui pèse sur la population entière à l'hôpital.

Tous les hôpitaux d'enfants sont des foyers d'endémicité d'affections pseudo-membraneuses. L'énergie pathogénique de ces foyers est inévitable dans l'enceinte de l'hôpital, mais ne s'étend pas au-delà.

En analysant avec soin la cause originelle de ce développement d'affections pseudo-membraneuses, on reconnaît qu'elle ne tient point à une cause locale, mais tout au contraire, à une modification générale de l'économie, due, soit au régime, soit à l'aération, soit à l'absorption des miasmes qui imprègnent, à la fin, l'économie du sujet; toutes conditions d'où naît la diphthérite. Il résulte pour nous, de ces considérations, que les fausses membranes, bien que localisées dans un point déterminé, ne sont, excepté dans les cas ci-dessus notés, que le résultat d'une altération générale de l'organisme.

Des déductions analogues nous portent à penser que la diphthérite mercurielle n'est que le résultat d'une altération médicamenteuse dans l'économie.

Depuis les beaux travaux de M. le professeur Trousseau, il serait superflu de chercher à démontrer que les différentes formes de diphthérite (croup, angine couenneuse etc.), sont liées à une semblable cause; car, dans la forme épidémique ou endémique de cette maladie, on voit se développer des lésions diphthéritiques et gangréneuses non-seulement à l'isthme du gosier, mais encore sur presque toutes les membranes muqueuses et sur quelques points de la peau, comme on le voit dans les maladies suivantes: corysa, otite, vaginite, vulvite, pseudo-membraneuse, gangrène de la bouche, de la vulve.

Enfin personne n'a jamais cru pouvoir nier que le muguet de la tuberculisation, de l'entérite, de la fièvre typhoïde, du cancer, ne soient le résultat d'une détérioration profonde de toute l'économie.

Faisons observer ici que nous plaçons à dessein, le muguet dans le cadre des affections diphthéritiques; ce n'est pas que nous ne rendions justice aux efforts du microscope. Sans doute, on trouve dans le muguet des cryptogammes, dont les spores et les filaments tubuleux sont évidents pour l'œil un peu habitué. Mais on trouve en outre ici, comme dans les produits diphthéritiques les plus purs, des cellules d'épithelium pavimenteux surtout, quelques globules de pus et de sang, et enfin de la fibrine. Sans doute, la cohésion de cette fibrine n'est pas la même que dans la fausse membrane proprement dite, mais qu'importent les différences de cohésion? ne sont-elles pas uniquement des grouppements moléculaires différents. Dans le plus petit grumeau pultacé, le microscope ne reconnaît-il pas la structure fibrillaire de la fibrine? Donc nous avons le droit de penser que l'action du chlorate de potasse sur le muguet, est un des nombreux exemples qui prouvent ses effets plus ou moins heureux contre la diphthérite, sans que sa puissance parasiticide soit pour cela démontrée.

Toutes les affections dont nous venons de parler n'ont pas, nous le reconnaissons, une origine commune, mais elles ont au moins un point commun de rapprochement : la formation des fausses membranes.

C'est pour ce motif que nous avons cru devoir en faire le parallèle dans ce paragraphe, nous réservant de tirer des remarques que nous venons de faire, des conclusions utiles à l'étude de notre médicament. Mettons maintenant le chlorate de potasse en présence de ces affections, et demandons nous, au point de vue de l'expérimentation et de la théorie, quels seront les effets qu'il pourra produire.

Supposons un enfant atteint d'affection membraneuse et qui vient d'être soumis, à l'hôpital, à notre médication chloratée. Au début du traitement, notre petit malade est comme imprégné, saturé du principe morbifique d'où est né la diphthérite. Que cet enfant soit tout-à-coup isolé, ou mis dans des conditions d'aérations exceptionnelles, telles que promenade au dehors de l'hôpital, et le médicament fera merveille. Nous en avons été bien souvent le témoin. Que si au contraire, notre petit malade est laissé dans la même salle, dans le même lit, dans le même milieu où règne l'encombrement, la puissance de notre médicament aura diminué de moitié.

Ainsi, à notre avis, l'efficacité du chlorate de potasse dépandait autant de l'atténuation de la cause pathologique que de la puissance thérapeutique inhérente au médicament. Cette considération nous explique très-clairement les beaux succès qui semblent résulter du chlorate de potasse, dans les stomatites diphthéritiques frappant isolément un enfant traité dans un hôpital d'adulte.

Notre conviction à cet égard est absolue et si les mêmes petits malades eussent été traités dans des hôpitaux d'enfants, notre médicament fut demeuré bien plus inactif, bien plus lent à produire les mêmes effets. Et cela parce que les causes de diphthérite réparent sans cesse les pertes que la médication leur a fait éprouver.

Ici constatons un fait qui doit prendre un rang de vérité : c'est que l'économie frappée de diphthérite pourra bien, sous l'influence du chlorate de potasse, cesser un moment de manifester par des symptômes, par des fausses membranes locales, la diathèze qui la domine, mais l'intoxication n'en sera pas moins profonde. — La cause pourra bien ne plus produire d'effet, l'angine couenneuse aura disparu, mais l'enfant guéri mourra au milieu d'un beau succès de la médication chloratée. (Observation n° 9 Saint-Bernard, Hôtel-Dieu, ob. 25)

Que si maintenant on soumet un malade atteint de stomatite mercurielle pseudo-membraneuse, au même traitement par le chlorate, on aura à combattre une cause d'intoxication plus fortement enracinée dans l'économie, et dès lors, l'action du chlorate qui, en définitive s'adresse bien plutôt au résultat qu'à la cause morbifique, sera déjà beaucoup moins énergique. C'est que le malade frappé de stomatite mercurielle porte avec lui sa cause d'infection, tandis que l'enfant peut pour ainsi dire, la volatiliser, en s'échappant même momentanément du foyer qui l'imprègne.

En effet, dans la stomatite ulcéro-membraneuse, il suffit d'éloigner le sujet des causes d'imprégnation morbide, pour que le produit diphthéritique s'amende et pour que l'organisme se débarrasse spontanément et bien vite des agents toxiques dont elle est en quelque sorte saturée ; tandis qu'au contraire, dans le deuxième cas, le malade emporte partout avec lui la cause de sa maladie et demeure constamment pour lui-même son propre foyer d'intoxication.

Cependant nous serions injuste envers le chlorate de potasse si nous ne rétablissions ici une distinction bien tranchée entre les lésions diphthéritiques mercurielles, dont le chlorate ne peut triompher, et celles qu'il fait disparaître à merveille. Distinction établie d'ailleurs dans un autre point de ce travail.

En effet, nos assertions actuelles ne nous empêchent pas de reconnaître que l'élément diphthéritique mercuriel s'efface très-vite, en tant qu'il siége sur la muqueuse linguale, sur les joues, dans le sillon gengivo-buccal.

Mais notre critique demeure, en tant qu'elle porte sur l'impuissante lenteur que le chlorate de potasse met à combattre, à faire disparaître la diphthérite mercurielle, lorsqu'elle constitue la gengivite ulcéro-membraneuse.

(Voyez les observations n° 9 Saint-Charles, (ob. 18.) n° 16 Sainte-Anne, clinique de la Charité, (ob. 20), et 19 Sainte-Marthe, clinique de l'Hôtel-Dieu).

Il existe encore une dernière forme de diphthérite, une forme qu'il est bien important de prendre en considération, nous voulons parler de celle qui est liée à cet état cachectique de l'économie qui vient terminer la longue et douloureuse évolution de la phthisie, du cancer et de l'entérite chronique.

Dans cette forme encore, il est bien évident que si le chlorate peut lutter entre la manifestation diphthéritique locale, il n'a pas pour cela d'action contre la cause générale; tout au contraire, peut-être il en favorise l'évolution.

(Voyez les observations nº 3, Saint-Jean de Dieu, (ob. 3.) nº 19, Sainte-Madeleine, (ob. 4. 7.) nº 7, Sainte-Anne clinique de la Charité (ob. 5); nº 32 Saint-Bernard, et nº 11 Saint-Antoine, Hotel-Dieu.

De ces faits divers quelles sont les déductions générales qu'il faut tirer, pour nous éclairer sur l'action du chlorate et sur la nature des maladies auxquelles il s'adresse.

La diphthérite n'est pas partout semblable à elle-même; le point de départ en est variable bien plutôt que la traduction locale.

S'il s'agit de ces formes de diphthérite où le mal général s'épuise, pour ainsi dire, en mettant au jour la production accidentelle locale, dans ces cas l'action du chlorate sera plus appréciable.

Mais si la fécondité de la source diathésique est profonde et qu'elle survive toujours dans l'économie, à la destruction de ses effets, de ses poussées en dehors d'elle et comme à la surface du corps, en vain la médication chloratée voudra revêtir les formes les plus ingénieuses, collutoires, pastilles, administration interne et le reste elle demeurera condamnée à l'impuissance.

Dans cette espèce, le rôle de notre moyen est réduit à l'efficacité infiniment petite d'un simple palliatif.

Nous voilà donc amené par ces considérations générales à pouvoir étudier, comme à coup sûr, un sujet où les détails se rattacheront toujours à l'ensemble, puisque nous avons pu saisir le fil qui pourra nous conduire au milieu des difficultés de notre étude expérimentale.

Nous pouvons maintenant passer en revue les diverses formes de la diphthérite que nous venons d'examiner d'une manière générale, au point de vue thérapeutique.

VI. — Dans le muguet.

§ 1. Il faut reconnaître d'abord qu'il existe deux espèces de muguet; l'un véritablement symptomatique de cachexie profonde, irrémédiable; l'autre lié, sans doute, à un trouble général de l'économie, mais qui n'est que passager. Dans ce dernier cas, le chlorate de potasse peut quelquefois être utilement employé, parce qu'il a véritablement une action suffisante pour vaincre le mal local, et que la cause générale n'est pas assez énergique pour en contrarier les effets où pour reproduire la lésion. Mais dans le muguet symptomatique d'une cachexie, de la tuberculisation par exemple, peut on espérer le même résultat ? Il est évident que pour produire cet effet le médicament devrait s'adresser à la cause qui entretient le muguet, à la cachexie elle-même ! voyons s'il agit alors avec quelque efficacité soit sur le mal local, soit sur l'état général.

§ 2. Nous avons essayé le chlorate de potasse dans toutes les formes de muguet, et voici comment il nous a paru se comporter :

Comme nous l'avons déjà vu à propos de la stomatite mercurielle, il y a deux périodes dans l'action du chlorate de potasse. Dans la première qui comprend les deux ou trois premiers jours on voit, les concrétions pultacées se détacher en abondance et être rejetées plus ou moins facilement ; dans une deuxième période, l'action est plus lente et selon toute probabilité moins énergique ; et en effet on voit alors des fausses membranes persister avec ténacité dans quelques points, surtout dans les parties peu accessibles de la bouche, comme le sillon gencivo-buccal. Il suit de là que cette action rapide et réellement efficace des premiers jours est quelquefois suffisante pour enlever le muguet qui se lie à une cause d'une faible intensité ; mais tout au contraire dans la forme grave, symptomatique d'une affection générale, comme cette première action n'est point suffisante pour détruire rapidement le mal, et comme elle semble s'affaiblir à mesure qu'on s'éloigne des premiers jours, il est évident qu'on ne doit rien en attendre de bon.

Cette diminution dans l'efficacité du médicament n'est qu'une apparence; elle dépend du degré d'adhérence des fausses membranes.

En effet, celles qui sont anciennes n'ont plus avec les papilles qu'une très-faible adhérence ; tandis que celles qui sont plus récentes, n'ayant pas encore été baignées et macérées par des liquides salivaires, tiennent plus fortement et font corps en quelque sorte avec les papilles buccales.

§ 3. Pourrait-on cependant espérer du chlorate de potasse une action modificatrice de la cause générale du muguet ? Ici encore l'expérience ne donne que des résultats négatifs. — En effet il n'agit sur aucun des éléments du mal général que l'on voudrait pouvoir combattre et il tend au contraire à agir dans le sens même de ce mal. Supposons un cas de cachexie tuberculeuse avec fièvre, entérite et diarrhée, appauvrissement du sang, muguet et oïdium albicans. Qu'arrivera-t-il? Ce que nous avons vu chez une femme, n° 22 St-Bernard, où la diathèse refaisait la nuit ce que le chlorate détruisait le jour, où chaque soir la langue était libre de tout enduit pour se montrer toute blanche au réveil.

Eh bien le médicament ne diminuera point l'état fébrile. En effet nous n'avons jamais observé de modifications de la fièvre, soit en moins soit en plus, ni dans nos nombreuses expérimentations, ni dans les observations de la plupart de ceux qui avant nous ont employé le chlorate de potasse. Et rien ne prouve mieux notre assertion que les dissidences de quelques observateurs, en effet, si dans ces derniers temps on a cru trouver dans ce médicament un *sédatif* de la circulation (Socquet, 1854) on doit se rappeler aussi qu'à une autre époque il a été considéré comme *augmentant l'action du cœur* et du *système artériel* (Swédiaur). Ces appréciations si opposées montrent bien le peu d'énergie du médicament. On n'a jamais discuté l'action réelle de la digitale et du quinquina.

Le chlorate de potasse peut être inoffensif lorsqu'il est administré à un homme sain, mais toutes les observations tendent à établir que chez un malade, il n'aura pas la même innocuité. Il n'est pas douteux qu'il active la sécrétion de l'urine et de la salive, qu'il augmente l'appétit et détermine même une suractivité de la sécrétion biliaire ; d'ailleurs s'il agit à la manière des alcalins c'est-à-dire des médicaments capables de produire la diminution de la fibrine et celles des globules (aglobulie) ; à ces divers titres ne doit-on pas le considérer comme un agent débilitant par conséquent comme un moyen directement opposé au but que l'on se proposerait, celui de reconstituer l'économie frappée de cachexie?

On doit peut être hésiter à lui donner franchement le nom d'hiposténisant, car il n'arrive pas même au degré fort inférieur du nitrate de potasse, mais cependant s'il jouissait à un degré quelconque de cette puissance thérapeutique il devrait être banni, par celà même, du traitement des affections cachectiques.

Disons de plus qu'il n'arrête pas la diarrhée, qu'il ne tarit pas la sécrétion bronchique ; et que n'agissant pas sur l'appareil respiratoire, il ne saurait en aucune façon aider à l'hématose, la source la plus réelle et la plus puissante peut-être de toute reconstitution de l'économie tombée en état de cachexie.

§ 4. En présence de toutes ces qualités négatives de notre médicament, en présence des contr'indications qui se multiplient en quelque sorte dans les expérimentations, nous devions au moins nous demander s'il n'aurait pas quelque action locale sur la cause immédiate et déterminante du muguet.

M. le professeur Andral a le premier établi comme un fait incontestable que le muguet ne se développe que quand les sécrétions buccales ont pris un caractère marqué d'*acidité*. Nous avons nous-même aussi bien que tous les observateurs, reconnu l'exactitude de cette remarque; et comme nos devanciers nous avons dû nous demander également si le chlorate de potasse, ne pouvait pas à l'aide de sa base alcaline détruire l'acidité en question.

Ici encore la théorie comme l'expérience répondent négativement. Le chlorate de potasse est neutre, parfaitement neutre c'est-à-dire sans réaction alcaline; il ne se décompose ni sur place ni dans son trajet à travers l'économie; et de même qu'il ne cède pas son oxigène, il ne cède pas davantage sa base en présence des acides faibles de l'économie; dès lors il ne doit point agir comme moyen de saturation de ces acides. L'expérience vient confirmer ces prévisions, et en effet il résulte de toutes nos expérimentations que la salive et le flux buccal sont restés acides pendant tout le temps de l'administration du chlorate de potasse.

Enfin il n'agit pas davantage sur l'oïdium albicans, ce végétal parasite qui se développe si rapidement dans toutes les fausses membranes du muguet. Il est vrai que les micographes ont reconnu que l'oïdium diminue de volume et se flétrit un peu sous l'influence du chlorate de potasse. Mais d'autres agents comme le borax, l'alun, agissent avec une bien plus grande énergie. Le nom de parasiticide que nous croyons devoir refuser au chlorate de potasse, n'appartient pas non plus au borax, à l'alun qui changent eux le terrain de l'oïdium plutôt qu'ils ne détruisent le parasite. D'ailleurs nous l'avons essayé sur d'autres parasites végétaux ou animaux tels que ceux du pityriasis versicolor de la teigne, de l'herpes, de la mentagre, l'acarus de la gale, etc., et nous avons la certitude qu'il n'a jamais eu contre eux la moindre efficacité.

§ 5. D'un autre côté, il ne faut pas hésiter à reconnaître quelques inconvénients assez sérieux dans l'emploi du chlorate de potasse.

C'est à n'en pas douter, un médicament irritant; il produit dans la bouche un sentiment de chaleur et de sécheresse fort incommodes. Et quand on le donne dans la période aiguë du muguet, il augmente d'une manière notable les souffrances des malades. N'y a-t-il pas un mal réel dans cet accroissement des souffrances, surtout lorsqu'il n'y a aucune certitude de procurer une guérison radicale et rapide.

Nous avons déjà parlé de ce médicament comme hyposthénisant; notre conviction n'est pas faite sur ce point, mais cependant nous devons de nouveau faire entrer cet élément en ligne de compte. En effet, pour peu que son action soit réelle, sous ce point de vue elle devra faire proscrire un médicament qui agit justement dans le même sens que la cause générale de la maladie, car le développement du muguet témoigne surtout d'un état de faiblesse et d'atonie de toute l'économie.

Enfin il y a, à notre avis, un inconvénient à prolonger son administration, puisque rien ne nous a démontré son efficacité contre le génie qui produit le muguet et qu'au contraire il enrichit les tendances à la cachexie.

§ 6. Maintenant en comparant l'action de notre médicament avec celle des différents moyens usités depuis longtemps, nous préférons combiner entr'elles ces médications diverses (astringents, antiphlogistiques, émollients, substitutifs), acide chlorydrique, calmants etc. suivant les indications particulières, que de marcher dans une ligne droite invariable munis d'un moyen qui n'a rien de spécifique, qui même exagère certaines tendances qu'il faudrait combattre.

Pour toutes ces raisons, voici comme nous instituons ordinairement le traitement du muguet.

Dans les deux ou trois premiers jours nous donnons le chlorate de potasse comme topique, par suite de ce moyen la muqueuse est généralement détergée. C'est alors que le borax en gargarisme pour modifier la réaction acide doit être employé sur la muqueuse désormais accessible à son action préventive et chimique dont est privé le chlorate de potasse, enfin si le muguet est accompagné durant la médication chloratée de ces irritations vives dont nos malades ont offert tant d'exemples, il faut employer un collutoire laudanisé et suspendre jusqu'à nouvel ordre le chlorate de potasse ou même l'exclure définitivement.

§ 7. Mode d'administration.

Il n'est pas inutile de justifier notre manière de faire ci-dessus résumée, au moins en ce qui touche le chlorate.

Nous avons dit que nous donnions le chlorate de potasse dans les deux ou trois premiers jours et cela comme topique. En effet, si nous nous gardons de l'administrer à l'intérieur, c'est que nous voulons éviter à toute force les troubles digestifs qu'il produit aisément sur un estomac déjà délabré; c'est surtout parce que nous voulons échapper au reproche de concourir à l'altération générale de l'organisme.

Aussi nous le conseillons dans les deux ou trois premiers jours en gargarisme à la dose de 5 grammes pour 125 de véhicule, en même temps que nous prescrivons des pastilles au chlorate de potasse. La succion opérée par le malade doit être suivie de temps en temps d'une ablution de la bouche avec le gargarisme. La salive ne sera pas avalée. Nous préférons de beaucoup les pastilles au gargarisme. Celui-ci ne fait que passer à la surface de la production pseudo-membraneuse sans toucher à la muqueuse elle-même protégée par cet épiderme accidentel. Au contraire la pastille mise en mouvement par la langue frotte comme une façon de lime le produit pultacé, décoiffe pour ainsi dire les papilles, les sépare les unes des autres en même temps qu'elles sont redressées. — Grâce à ce mécanisme la salive imprégnée du principe médicamenteux est battue par la langue et pénètre tous les replis de la bouche sans épargner même les sillons inter papillaires.

VII. — Stomatite ulcéro membraneuse.

C'est ici le plus beau succès peut-être du chlorate de potasse, empressons nous de le dire en commençant. Nous rendons cette justice à notre sel avec satisfaction, parce que notre conscience nous a rendu bien des fois très-sévère pour lui peut-être.

Nous eussions même voulu que ce beau succès de notre médicament fut par lui remporté dans une maladie qui n'ait jamais guérie sans lui. Les astringents en effet, les cautérisations par le nitrate d'argent et l'acide chlorydrique, le chlorure de chaux en poudre, comptent assez de succès pour qu'ils diminuent de beaucoup l'importance relative des services du médicament nouveau venu. Mais encore agit-il toujours dans tous les cas? il s'en faut et nous allons bien le voir.

Soyons juste aussi et ne donnons pas le nom de stomatite ulcéro-membraneuse à des maladies qualifiées de cette épithète et qui sont généralement très-opiniâtres.

Nous sommes donc forcé de faire, par exclusion au moins, une définition et une division de notre sujet.

Cette variété de gengivite occupant surtout le bord libre des gencives et que les malades des hôpitaux présentent en si grande abondance, n'est pas la maladie que nous voulons désigner ici. Cette lésion des gencives s'accompagne d'un écoulement de gouttelettes de pus, aussi opiniâtre que la gengivite elle-même. C'est la pyorrhée alvéolo dentaire, le temps et les soins hygiéniques seuls guérissent à la longue une affection semblable. Au contraire, la gengivite ulcéro-membraneuse proprement dite, celle qui rentre dans l'histoire de la stomatite que nous avons traitée avec succès par le chlorate, est une affection à marche rapide et creusant les membranes jusqu'au collet des dents et même jusqu'au bord osseux des maxillaires; et comme les deux gengivites procèdent, la première de l'intérieur à l'extérieur, et la deuxième en sens inverse, on ne les confondra donc pas malgré leur identité de siége.

Cette distinction établie :

Assistons à la marche des cas les plus heureux. Nous sommes forcé, même à ce point de vue favorable, de reconnaître dans les faits dont nous avons été le témoin, deux périodes bien tranchées.

C'est qu'il a deux éléments à la lésion, l'élément fausse membrane et l'ulcération.

En trois ou quatre jours, chez les enfants au moins, la fausse membrane se modifie et disparaît. Elle prend, si elle siége au palais, quelques jours de plus que si elle siégeait sur les muqueuses molles et non fibro-muqueuses qui tapissent la langue et les joues.

Dans une deuxième période, de même durée, c'est l'ulcération qui, mise à ciel ouvert par la chute de la fausse membrane, se cicatrise et se comble.

Voilà pour les cas heureux.

Mais dans d'autres, on peut voir l'ulcération résister quelques jours.

Dans d'autres encore elle durerait des semaines si la cautérisation n'intervenait.

Preuve anticipée que le chlorate de potasse n'a pas une puissance ni grande, ni constante, contre les ulcérations muqueuses au moins.

Enfin, chez des malades plus réfractaires encore, la fausse membrane et à plus forte raison l'ulcération résistaient et demeuraient stationnaires, après que la stomatite s'était améliorée, les deux premiers jours. C'est là un fait de constante observation dans les hôpitaux d'enfants et dont les chefs de service pourront se porter garants aussi bien que nous-même.

D'ailleurs, même après la guérison la plus complète, les récidives sont fréquentes, surtout si l'épithélium n'a pas recouvert complètement les points ulcérés quand on cesse le chlorate de potasse. Ces solutions de continuité persistantes se recouvrent très-vite d'une nouvelle couche de fausse membrane, et le traitement doit être recommencé sur de nouveaux frais.

Distinguons aussi l'âge du sujet et par suite les états de l'économie dont la stomatite ulcéro-membraneuse n'est que le retentissement.

Chez l'enfant, l'économie souffre, mais son impressionnabilité est si vive, que la souffrance s'est manifestée avant que la cause ait duré assez longtemps pour produire un désordre profond.

Chez l'adulte, comme par exemple chez la femme (nº 13 St-Bernard, Hôtel-Dieu, ob. 13), service de M. le professeur Trousseau, et au nº 11 Ste-Marthe, Hôtel-Dieu), le dépérissement de l'économie est complet et l'ulcéro-membrane a des racines profondes.

Il faut alors changer le traitement et employer les cautérisations énergiques, le chlorate de potasse serait inutilement prolongé.

Voilà bien des restrictions à notre plus grand succès.

Nous avions mis la dernière main à ce chapitre sans idée de retour. Il ne nous restait que le regret de ne pouvoir, sans violer le règlement, présenter à l'appui des observations que nous avions recueillies à grands frais dans les services d'enfants.

Mais nous sommes bien consolé de ces entraves par la communication toute bienveillante que M. le docteur Legendre, médecin de l'hôpital Sainte-Eugénie, veut bien nous adresser. — Il témoigne ainsi du même coup peut-être, et de l'intérêt que lui inspirent nos efforts et de notre saine appréciation en ce qui touche au moins la stomatite ulcéro-membraneuse.

Communication de M. le docteur Legendre, médecin de l'hôpital des enfants (Sainte-Eugénie.)

« Paris, le 19 Août 1857.

« J'ai eu de nombreuses occasions d'employer le chlorate « de potasse et d'en étudier l'action dans la stomatite ulcéro-« membraneuse.

« La stomatite ulcéro-membraneuse, telle qu'on l'observe « chez les enfants, est le triomphe du chlorate de potasse; « peu de médicaments ont une action aussi évidente, aussi « rapide. Ainsi, un enfant est-il amené à l'hôpital, offrant « une tuméfaction un peu luisante à la partie inférieure des « deux joues ou de l'une seulement, ayant l'haleine fétide, « stercorale, et rejetant fréquemment une salive mêlée d'un « peu de sang; quand on entr'ouvre les lèvres et qu'on écarte « les joues des arcades dentaires, constate-t-on déposée au « niveau de la sertissure des gencives de l'une et l'autre « mâchoire, le long du bord de la langue et de la face interne « des joues, dans le point correspondant aux arcades den-« taires, constate-t-on, dis-je, une matière pultacée, grisâtre, « saignante au moindre contact; voici les changements que

» l'on observe sous l'influence de l'administration du chlorate
« de potasse. Du jour au lendemain, le gonflement et l'état
« luisant de la peau de la joue a diminué, l'haleine a déjà
« presque complètement perdu sa fétidité, la matière pultacée
« a diminué et les parties qui sont encore couvertes ne
« saignent plus au moindre contact. Au bout de 48 heures,
« le gonflement et l'état luisant de la peau sont complètement
« dissipés, l'haleine n'est plus fétide, la production pultacée
« qui occupait la sertissure des gencives a disparu dans la
« plupart des points; et les dents semblent allongées, leur
« collet n'étant plus embrassé par la sertissure du tissu gen-
« gival détruit et déjà cicatrisé. En même temps, le bord de
« la langue et la face interne de la joue se détergent un peu,
« et tendent à reprendre par place un aspect rosé. Au bout
« de trois jours, ces changements sont plus marqués et le
« quatrième jour il n'y a plus de trace de production pultacée
« au niveau de la sertissure des gencives; tout au plus en
« existe-t-il quelques parcelles au niveau de la face interne
« des joues qui, dans le point correspondant où la maladie a
« existé, offre une surface un peu rouge et granuleuse,
« comme celle d'une plaie superficielle qui n'est pas encore
« cicatrisée. Au bout de cinq ou six jours tout est terminé. Si,
« au niveau de la face interne des joues, une surface rouge et
« granuleuse persiste, cette trace de la maladie disparaît bien
« mieux alors sous l'influence d'un léger attouchement avec
« le crayon de nitrate d'argent que par la continuation du
« chlorate de potasse. Pour obtenir ces résultats d'un effet et
« d'une rapidité presque merveilleux, il n'a été besoin que de
« donner tous les jours, en quatre doses, 4 grammes de chlo-
« rate de potasse dissous dans une potion gommeuse de 150
« grammes. Quand la stomatite ulcéro-membraneuse se dé-
« veloppe sous l'influence nosocomiale, les choses ne se
« passent plus toujours de même; on voit bien encore le
« chlorate de potasse produire immédiatement un effet sen-
« sible sur la fétidité de l'haleine, le dépôt pultacé du bord de
« la langue, de la face interne des joues et du bord libre des
« gencives; mais, au bout de deux ou trois jours, cette amé-
« lioration ne persiste pas à faire des progrès, et malgré la
« continuation du chlorate de potasse, on voit souvent l'ha-
« leine redevenir un peu fétide et le bord des gencives re-
« prendre un aspect pultacé, grisâtre, saignant au moindre
« contact. Ce serait vainement dans ce cas qu'on s'achar-
« nerait à continuer l'administration du chlorate de potasse
« pendant des semaines, l'état général sous l'influence duquel
« la stomatite s'est développée est plus puissant que l'action
« du médicament et entretient la maladie. »

La conformité d'opinion qui existe entre cette communication et ce que nous avons écrit nous-même, pourrait faire croire que nous nous sommes inspiré de ce document, si démonstratif. Or, il n'en est rien, ainsi que la date de la communication doit le démontrer.

Nous voudrions faire ressortir de la comparaison de ce document et de notre travail la concordance qui existe entre eux sur les points suivants : 1° Disparition en trois ou quatre jours des fausses membranes ; 2° Persistance fréquente des ulcérations qui ne se guérissent que par la cautérisation ; 3° La nature réfractaire des stomatites ulcéro-membraneuses nées sous l'influence nosocomiale, fait que nous avons signalé dans notre chapitre de la diphthérite en général.

M. le docteur Sée, médecin de l'hôpital des enfants veut bien aussi nous donner son opinion et le résultat de ses expériences personnelles, nous sommes obligé de les formuler en peu de mots :

« Le chlorate de potasse guérit très-rapidement la stomatite ulcéro-membraneuse, mais la puissance des autres moyens thérapeutiques est aussi très grande. »

VIII. — Dans la stomatite mercurielle.

I. — Nous ne sommes plus au temps où l'on recherchait, avec Bœrhave, les bienfaits du mercure dans l'abondance de la salivation. Les accidents mercuriels sont donc moins nombreux et moins graves qu'autrefois, mais cependant, ils sont encore assez redoutables pour qu'on ait toujours cherché, jusqu'à présent, un spécifique pour les prévenir ou les combattre. Le besoin de trouver un moyen prophylactique de ce genre avait conduit à faire emploi de l'alun, du borax et surtout de l'acide chlorhydrique. La thérapeutique contemporaine a été assez heureuse pour rencontrer dans le chlorate de potasse, un agent plus puissant.

Les observations relatives à l'usage de ce médicament sont extrêmement nombreuses et les cas de succès ne se comptent plus.

Mais il nous semble qu'on ne doit pas accepter, sans contrôle, la totalité des faits de guérison qui ont été publiés, car on a suivi, dans l'expérimentation, plusieurs méthodes dont quelques unes n'établissent pas, sans appel, les vertus du médicament.

Nous croyons faire un nouvel éloge du médicament en critiquant les mauvaises raisons sur lesquelles on a fondé sa réputation.

II. — Voici en effet les phases successives par lesquelles on a passé :

On a commencé en présence d'une stomatite mercurielle, par donner le chlorate en cessant l'usage du mercure ; comme de raison, la guérison est survenue et on en a fait honneur au chlorate de potasse. Il est évident qu'il y a un reproche à faire à ce mode d'expérimentation, car la guérison dans ces cas, pouvait-être le résultat tout naturel des efforts de l'organisme.

Il eut été indispensable de soumettre les cas ainsi traités à une comparaison minutieuse avec ceux où la stomatite mercurielle aurait été abandonnée à elle-même. Or, c'est ce qui n'a pas été fait.

Une idée plus réfléchie a présidé aux expérimentations suivantes ; on a continué l'administration du mercure, en même temps qu'on donnait le chlorate de potasse, et c'est dans ce cas seulement, qu'il a été permis de juger de la véritable puissance thérapeutique de cet agent, puisque l'on a observé l'amendement du plus grand nombre des symptômes de la stomatite.

Il est impossible de nier, dans ce cas, la puissance du chlorate de potasse, puisqu'il se trouvait en présence de l'action sans cesse renouvelée du mercure.

L'antagonisme de ces deux médicaments ne pouvait pas être mis en doute, au moins pour les accidents locaux.

Mais, ce n'était pas assez de cette double expérience, il fallait un contrôle ; c'est surtout dans ce sens que nous avons dirigé nos recherches.

La démonstration de l'efficacité de notre médicament ne saurait plus être l'objet d'un doute s'il était établi qu'il prévient la stomatite mercurielle.

Voici ce que nous avons vu nous même :

Un grand nombre de malades ont pris du chlorate de potasse, en même temps que des préparations mercurielles, et n'ont jamais eu de stomatite.

Une objection se présentait naturellement à l'esprit ; on sait que quelques personnes, en vertu d'une idiosyncrasie dont on a plus d'un exemple, sont réfractaires au mercure et n'éprouvent pas de salivation, pendant son usage. N'avions nous pas affaire, dans les expériences qui nous sont propres, à des sujets dotés de cette immunité ?

Cette vérité est mise en évidence au plus haut point par notre observation n° 18, Ste-Anne, clinique de la Charité (ob. 22). La malade dont il s'agit a été soumise au mercure, pendant des semaines et cependant, elle n'a présenté aucune trace de stomatite.

Voici la réponse qu'il convient de faire à cette objection :

1° Sur un nombre donné de patients soumis au mercure, la grande majorité sera atteinte d'accidents de stomatite ; c'est comme une loi pathologique maintenant bien établie.

L'absence de stomatite après la médication mercurielle rentre dans l'exception ; eh bien ! les faits par nous observés eussent changé les proportions connues, en faisant de l'exception une règle et réciproquement, ce qui était impossible.

2° En prenant, au hazard, un malade atteint de stomatite mercurielle, en le soumettant ensuite à la médication chloratée la guérison s'est établie.

Nous avons pris au hazard une malade atteinte de stomatite mercurielle, nous l'avons guérie, nous avons recommencé l'administration du mercure combiné cette fois avec le chlorate de potasse, nous n'avons pas observé le retour des anciens accidents.

Et cependant le mercure avait été donné de la même manière, pendant le même temps, sous la même forme et dans les mêmes conditions hygiéniques.

Tels sont les différents modes d'expérimentation. Comme on le voit, les deux premiers sont défectueux, nous n'accordons de valeur qu'au troisième.

III. — Malgré cette critique, dont nous nous sommes fait un devoir, l'efficacité du chlorate de potasse, dans la stomatite mercurielle, n'en demeure pas moins acquise à la science et nous pensons qu'il nous reste beaucoup moins la démonstration de cette efficacité que l'indication des circonstances particulières qui président à son mode d'action.

IV. — En premier lieu nous devons dire que dans plus d'une circonstance, le chlorate de potasse, administré en même temps que le mercure, n'a pas su empêcher complètement le développement de la stomatite ni de tout son cortège de symptômes.

Mais ces cas, d'ailleurs bien rares, ne sauraient empêcher d'adopter ni d'essayer le médicament dans tous les cas qui se présenteront. Au reste, nous dirons plus loin dans quelles circonstances et à quelle époque il sera utile de ne pas insister sur l'emploi du moyen, lorsqu'il sera demeuré quelque jours infidèle.

V. — Epoque de l'administration du chlorate de potasse.

Si le médecin juge à propos de donner à un malade une préparation mercurielle, convient-il qu'il donne simultanément et dès le premier jour le médicament préservateur ?

Oui, sans aucun doute, et c'est là une pratique qu'il faut adopter dans les hôpitaux où le mercure est journellement employé. Il est établi pour nous que le chlorate de potasse qui aurait pu prévenir le développement de tels accidents mercuriels, s'il est employé au début en parallèle avec le mercure, administré après le développement complet des symptômes ne saura pas les guérir toujours.

C'est ainsi que la gengivite dite, à tort peut-être, ulcéro-membraneuse, qui affecte surtout le liseré des gencives, persiste pendant des semaines, quoique puisse faire le chlorate administré soit en gargarisme, soit en poussière fine, soit en potion.

L'ébranlement des dents et la pyorrhée alvéolo dentaire demeurent également impassibles pendant des mois entiers.

Tous ces accidents auraient été prévenus presque complètement par notre médicament employé dans les conditions déjà prescrites.

VI. — Si la stomatite mercurielle n'a pu être prévenue, dans quel ordre disparaîtront les divers éléments qui la composent.

Il est fort heureux de pouvoir établir que les accidents qui subsistent sont de ceux qui n'ont pas un inconvénient actuellement fâcheux, mais qu'ils peuvent, au contraire, se perpétuer, pour la plupart au moins, et quand ils sont d'une intensité modérée, sans nuire à la médication.

Quel but se propose le médecin en présence de la stomatite?
1° Il doit arrêter la stomatite et la salivation qui épuise le malade et lui ferait payer bien cher les bienfaits du mercure.
2° Il veut que le chlorate de potasse lui permette de suspendre les accidents, sans suspendre aussi pour cela la médication mercurielle, destinée elle, à combattre avec activité des dangers actuels et pressants. (Iritis, etc.).

Or, ce double but est presque toujours heureusement atteint, à moins je le répète d'exception rare, ou d'une énergie plus rare encore des accidents principaux.

En effet, même en continuant le mercure : 1° La stomatite simple, le gonflement des muqueuses molles proprement dite (langue, joues), s'amendent en trois ou quatre jours. 2° la salivation, qui n'est que leur corollaire, se calme avec elle, 3° les couches pseudo-membraneuses du sillon gengivo-buccal s'enlèvent et les ulcères se détergent; et, pendant ces délais, le mercure agit et la maladie principale recule.

Qu'importe alors que l'inflammation toute particulière des membranes gengivales et palatines résiste, à cause peut-être de leur nature si voisine de celle du perioste, et de leur grande analogie avec les membranes fibreuses! Le malade pourra suivre, malgré tout, et son traitement et son régime. Ainsi, les accidents que le chlorate ne peut dompter quelquefois, ne sont pas les plus compromettants pour le succès du traitement.

VII. — La stomatite ulcéreuse syphilitique a nécessité, ainsi que les autres accidents de même nature, un traitement mercuriel. A son tour, celui-ci a déterminé, chez le même malade, une série d'accidents mercuriels. De telle sorte que, sur le même sujet et dans des points [illegible], on a vu une stomatite d'origine mixte. La syphilis et le mercure auront chacun leur part dans les lésions que présentera la bouche.

C'est là un fait peu signalé et dont nous avons cependant été le témoin. Que si un pareil fait se présentait à des observateurs, on pourrait méconnaître le double sens des ulcérations d'apparence pseudo-membraneuse [illegible].

Dans ces circonstances, qu'on fasse intervenir le traitement par le chlorate de potasse, il aura son efficacité ordinaire contre l'élément mercuriel, mais il restera, comme c'est la règle, sans puissance notable contre l'ulcération spécifique. Voilà que notre médicament se trouvera coupable d'inefficacité dans le traitement de l'affection mercurielle. On pensera que la cure [illegible] dure encore, et cependant, il ne s'agissait plus [illegible] nombre de jours, des accidents [illegible] amendés, suivant l'usage, [illegible] a déterminé l'emploi des pilules mercurielles [illegible] [illegible] bien qu'à celle du mercure. [illegible]

De ces faits il [illegible] des deux médicaments qui a échoué contre la diathèse [illegible] l'une de ses manifestations locales. [illegible]

Mais la réputation de notre médicament [illegible] aucune atteinte, en tant que puissance [illegible] tie mercurielle, il devra seulement être [illegible] anti-syphilitique [illegible] au diagnostic des ulcérations syphilitiques.

VIII. — La vertu préservatrice du chlorate de potasse pourrait-elle empêcher les effets anti-syphilitiques [illegible] aussi bien qu'elle s'oppose à son influence [illegible] la muqueuse buccale.

Cette question est de la plus [illegible] dont les [illegible] naturellement à l'esprit. [illegible]

Or, nous sommes en mesure de répondre [illegible] simultané des deux médicaments [illegible] d'arrêter les progrès des accidents [illegible] et même de les faire rétrocéder [illegible] avons pu voir chez une femme [illegible] avant la marche [illegible] [illegible] développement [illegible] cessa de se manifester, et, plus tard enfin, les lésions anciennes marchèrent vers la guérison la plus évidente.

IX. — La question de savoir à quelle dose il convient d'administrer le chlorate de potasse, est déterminée diversement suivant les âges et l'époque de la maladie. Deux grammes suffisent chez l'enfant; pour l'adulte, la limite de solubilité du médicament est aussi celle du maximum qu'il conviendra d'employer, au moins dès le début. Mais si les accidents sont plus énergiques, et, surtout, quand on voudra préserver de la stomatite le malade soumis aux préparations mercurielles, il faudra progressivement augmenter la dose du médicament et la porter successivement à 6, 8, 10 et 15 grammes, en augmentant la quantité de chlorate avec la quantité de mercure. Si l'on procédait autrement on aurait à craindre l'insuccès du médicament.

Or cette prétendue faiblesse tiendrait à la formule, au *modus faciendi* bien plutôt qu'au médicament formulé.

C'est ainsi que chez une malade pendant que la dose de mercure était portée à 0,20 centigr., le chlorate demeurait à 4 grammes et la salivation, quelque temps maintenue, apparaissait avec toute son énergie, parce que l'équilibre avait été rompu entre les deux puissances morbifique et préservatrice des deux médicaments.

X. — L'efficacité du chlorate n'est donc pas douteuse, mais est-ce à dire pour cela qu'il soit infaillible; non sans doute, il s'en fart bien; car, dans plus d'un cas, notre moyen prétendu héroïque faisait reculer très-vite les lésions pendant trois jours; puis malgré une insistance tenace, tout demeurait stationnaire. C'est là une particularité assez rare peut-être, mais à laquelle n'échappe pas notre sel, même dans les autres affections qui assurent le mieux son succès.

XI. — Comme conclusion thérapeutique, on peut dire que dès le deuxième ou le troisième jour l'amélioration doit être manifeste; s'il en est autrement, si les accidents demeurent stationnaires, il ne faut plus compter sur le chlorate de potasse. Il sera nécessaire d'employer les autres moyens ordinaires (acide chlorhydrique) sans l'exclure, lui, complètement pour cela.

XII. — Resterait maintenant à examiner ce que devient l'efficacité du chlorate quand les accidents aigus sont passés à l'état chronique, ou quand ils affectent cette forme d'emblée. Quelle est sa puissance contre le tremblement, et les autres accidents de même nature? Nous examinerons cette question à part, elle est assez importante pour faire l'objet d'une étude spéciale.

IX. — Dans l'angine pseudo-membraneuse.

Les succès d'un médicament dans des maladies analogues, mais dont la gravité est bien différente, ne doivent pas être placés sur le même rang. La vérité est intéressée à cette distinction.

Il y a plusieurs formes d'angine pseudo-membraneuse : les unes sont *bénignes* et marchent d'elles-mêmes vers la guérison, les autres sont graves ou *malignes* et résistent à tous les moyens employés contre elle.

Angines bénignes. — L'angine dite *herpétique* a été signalée tout récemment encore à la Société de médecine des hôpitaux, par M. le docteur Gubler, quoique M. le professeur Trousseau puisse à bon droit, en revendiquer la première mention. Cette maladie qui porte un cachet particulier, car elle est accompagnée de plaques herpétiques sur les lèvres, guérit spontanément. Or, elle a paru être si peu sérieuse que l'on n'a même pas songé encore à employer contre elle le chlorate de potasse.

Il n'en est pas de même de l'angine pseudo-membraneuse que l'on doit appeler *commune*; et qui est en quelque sorte à cause de sa fréquence, le type du genre.

Voici le résumé de nos observations sur l'action du chlorate de potasse dans cette forme.

Nous avons observé à l'Hôtel-Dieu, dans le service de clinique de M. le professeur Trousseau, un cas fort remarquable d'angine pseudo-membraneuse commune. C'était une jeune malade de 16 ans, couchée au n° 34 bis, St-Bernard, (ob. 26), véritable type de physionomie scrofuleuse. Cette jeune malade offrait des fausses membranes sur l'isthme du gosier et dans le pharynx. — Malgré tout, son état général paraissait assez satisfaisant; aucun symptôme d'adynamie; et tout caractère de malignité manquait à l'affection. Une grande énergie fut déployée cependant, puisqu'il était toujours à redouter que la fausse membrane ne descendit dans le larynx. La malade fut soumise au chlorate de potasse; elle en prit pendant douze jours jusqu'à 10 grammes par jour. Et le treizième jour l'affection avait disparu, pour ne laisser que de la rougeur et une dysphagie légère. Il faut avouer, pour diminuer le succès, que des cautérisations avec le sulfate de cuivre furent employées à plusieurs reprises. Ces cautérisations sont bien loin pour nous d'avoir nui au chlorate de potasse comme quelques auteurs l'ont prétendu.

Il résulte de ce traitement composé que notre observation

n'est pas aussi concluante que nous l'aurions désiré. Mais d'ailleurs, dans presque toutes les observations des divers expérimentateurs, on trouvera le même inconvénient, parce que la plupart des médecins n'ont pas osé abandonner leurs malades au chlorate de potasse réduit à lui-même.

Cette raison même, n'est pas étrangère à la réserve que nous avons apportée à présenter des observations sans valeur.

Enfin, il y a une autre forme d'angine pseudo-membraneuse ordinairement benigne, c'est *l'angine scarlatineuse* primitive. Le chlorate de potasse a été quelquefois essayé, le plus souvent négligé dans ce cas.

Nous avons eu l'occasion d'observer à la Charité, clinique de M. le professeur Bouillaud, une angine scarlatineuse intense. Mais notre médicament n'a pas été employé. On n'a administré que du gargarisme au borax 4/125. — La guérison n'en a pas moins été obtenue en cinq jours. — Conclusion : On peut donc se passer du chlorate de potasse dans des cas semblables.

Angines malignes. — Parmi les cas nombreux d'angine que nous avons observés, deux surtout nous ont frappé; ils appartiennent au service de M. le professeur Trousseau. Le premier cas est offert par un jeune enfant de 9 mois (n° 16, St-Bernard, Hôtel-Dieu, ob. 23), affecté d'angine pharyngienne, de coryza avec suintement, de glossite pseudo-membraneuse, l'impossibilité de la succion ajoutant à la gravité du pronostic que l'adynamie profonde ne justifiait que trop. Mort en deux jours, malgré le chlorate de potasse (3 grammes) et les injections au sulfate de cuivre par les narines. L'enfant est mort victime à la fois et de l'adynamie profonde où la diathèse diphthéritique l'avait plongé et de l'impossibilité d'exercer la succion.

Une autre jeune enfant du même service, (salle St-Bernard n° 9, ob. 25), est atteinte d'angine couenneuse. Tout d'abord l'affection bien circonscrite permettait d'espérer une issue favorable. Le chlorate de potasse employé à la dose de 6 grammes et secondé par les cautérisations au sulfate de cuivre, fait disparaître les fausses membranes en six jours, et la malade *meurt* le septième, dans une prostration profonde et *bien guérie d'ailleurs,* sinon de la diathèse au moins de sa manifestation locale.

Que déduire de ces faits? Evidemment, dans les deux derniers cas, lorsque l'angine était de nature maligne, si le chlorate a pu détruire la manifestation locale, il n'a eu, à coup sûr, aucune espèce d'action sur l'état général de l'économie. Or, c'est précisément contre cet élément fondamental qu'on serait en droit d'exiger une action efficace de la part du chlorate de potasse. En effet, n'a-t-il pas été préconisé comme un agent spécifique dans les affections qui ont un élément pseudo-membraneux ?

Dans les autres formes (angine commune) nous l'avons vu réussir quelquefois, mais non pas d'une manière tellement puissante qu'elle soit exclusive de tout autre moyen.

Et enfin, dans les cas d'*angine pultacée* que nous n'avons même pas cru devoir soumettre à une observation sérieuse, il nous a semblé certain qu'il était absolument indifférent pour la guérison du malade, de le traiter par le chlorate de potasse ou par l'expectation.

Nous avons été cependant presque toujours sur nos gardes, car la pente est quelquefois bien rapide de l'angine simple à l'angine vraiment diphthéritique, et notre sel devenait quelquefois tout à coup indiqué, là où, quelques jours auparavant, l'angine paraissait ne réclamer que des moyens simples comme elle.

En somme, nous ne saurions partager aucune des illusions que se sont faites quelques observateurs sur la spécificité du chlorate de potasse contre les angines pseudo-membraneuses.

Ainsi, dans quelques cas, utilité toujours insuffisante ; dans tous les autres, perte d'un temps précieux.

Ce n'est pas qu'il faille proscrire le chlorate de potasse, son emploi doit être conseillé, mais on ne devra le considérer que comme un simple auxiliaire, et le traitement institué par MM. Bretonneau et Trousseau (cautérisation avec l'acide chlorhydrique, nitrate d'argent, insufflation d'alun), quelque pénible qu'il puisse être, comme ils le disent eux-mêmes, demeure encore le plus utile et le plus digne d'être recommandé.

Voici maintenant les opinions de médecins expérimentés de l'hôpital des enfants et de Ste-Eugénie, sur le chlorate dans l'angine diphthéritique. M. le docteur Legendre a eu l'obligeance de nous communiquer à cet égard la note suivante, en date du 19 août 1857, époque postérieure à la rédaction de l'article qui précède.

Communication de M. le docteur Legendre, médecin de l'hôpital Sainte-Eugénie.

« Dans les angines couenneuses bénignes, bornées aux amygdales, j'ai employé le chlorate de potasse [illegible]
« de triompher de cette [illegible]

« sations méthodiques avec l'azotate d'argent, je n'ai pas osé « me borner à l'administration seule du chlorate de potasse; « aussi, m'est-il bien difficile de savoir la part qu'on doit « attribuer au chlorate de potasse dans la guérison de ces « maladies.

« Dans la diphthérite maligne primitive, ou venant compli- « quer la scarlatine, forme très-grave de la maladie, dans « laquelle le traitement général l'emporte de beaucoup en « importance sur le traitement local, j'ai employé le chlorate « de potasse conjointement avec les préparations de quin- « quina. Dans quelques cas j'ai réussi; j'ai échoué dans beau- « coup d'autres, sans qu'il m'ait été donné, dans les cas où « j'ai réussi, de remarquer une action bien évidente, bien « tranchée du chlorate de potasse. »

Voici de plus l'opinion de M. le docteur Sée, qu'il nous a formellement autorisé à reproduire dans ce Mémoire.

« Selon ce médecin, le chlorate de potasse produit quelqu'effet dans l'angine scarlatineuse primitive, celle qui survient dans les premiers jours de cette fièvre éruptive et dans l'angine pseudo-membraneuse herpétique : or, dans ce cas de bénignité extrême, la guérison vient d'elle-même.

« Mais son action est absolument nulle et la mort arrive dans l'angine *scarlatineuse pseudo-membraneuse consécutive* et dans l'angine diphthéritique. — Chez un enfant de 3 ans, entré avec une stomatite diphthéritique siégeant sur les lèvres, le chlorate de potasse n'a pas empêché la diphthérite d'envahir les conjonctives, le pharynx et même le larynx, et de faire succomber enfin le malade. »

X. — Dans le croup.

Les services de clinique de la Faculté ne pouvaient nous offrir aucune occasion de faire notre expérimentation dans les termes du programme.

Par conséquent, nous présentons ces quelques impressions en nous appuyant sur des faits puisés dans les services spéciaux.

Voici le résultat de notre expérience personnelle.

Dans les cas qu'il nous a été permis de juger cette année, il n'est pas un fait qui mette immédiatement en droit de conseiller d'abandonner au chlorate de potasse le traitement du croup. Les cas légers se sont terminés heureusement; mais il est permis de penser, d'affirmer même que la maladie abandonnée à elle-même eût suivi une marche heureuse en vertu de sa pente naturelle.

Les cas graves se sont joué des moyens anciens et du nouveau. C'était surtout dans ces circonstances qu'il nous semblait nécessaire d'exiger d'un médicament prôné contre le croup, les qualités d'un agent énergique et à *courte échéance*. Or, nous l'avons déjà dit, en citant les paroles mêmes des défenseurs du chlorate, ce sel, quoique rapidement éliminé, n'influence pas immédiatement l'économie. Il fait longtemps attendre son action.

En somme, s'il est juste d'attendre quelques secours du chlorate de potasse, c'est surtout dans la forme désignée par MM. Brotonneau et Trousseau par les termes d'angine diphthéritique croupale. Les effets thérapeutiques de ce sel peuvent bien se produire à temps pour déterger et modifier les muqueuses, avant que la fausse membrane soit descendue dans le larynx, si au contraire l'angine diphthéritique laryngée se développe tout d'abord et d'emblée, par le larynx, la trachéotomie, sans plus de retard ; le chlorate viendra ensuite si la déglution est encore possible.

Faudrait-il, plein de confiance dans la méthode numérique, expérimenter pendant des années et dans un très-grand nombre de cas, pour se former une conviction absolue sur la valeur du chlorate de potasse dans le croup? Il nous est impossible de le croire.

Il y a des médicaments qui ont une action physiologique et thérapeutique tellement évidente et une telle puissance, qu'il ne peut y avoir de doute que relativement aux indications qu'ils peuvent remplir. Mais nous devons le dire, ce n'est pas le cas du chlorate de potasse, auquel on s'efforcerait vainement de chercher des propriétés énergiques contre le croup.

Aussi notre conscience médicale se révolterait à l'idée d'employer un moyen aussi peu efficace dans une affection réputée aussi prochainement mortelle, lorsque les médecins ont trouvé hier à peine, dans une opération chirurgicale, faite en temps opportun, une méthode en général bien moins douteuse sinon certaine (Trachéotomie).

Enfin citons des faits qui ne sont pas puisés dans les cliniques. Le programme rejette les observations que nous avons recueillies ou rassemblées dans les services spéciaux, mais il ne saurait exclure la vérité constatée par ces observations, surtout si elle est proclamée par les médecins éminents qui les ont eux-même instituées.

Or voici comment s'expriment ces messieurs :

Communication de M. le docteur Legendre, médecin de l'hôpital Sainte-Eugénie.

Paris, le 19 août 1857.

« Enfin, j'ai essayé ce médicament dans le croup ; le plus « souvent j'ai échoué et on a eu besoin de recourir à la tra- « chéotomie ; mais dans un cas où la maladie s'est terminée par « la guérison, j'ai observé des phénomènes que j'ai cru pou- « voir rapporter à l'action physiologique que l'on attribue au « chlorate de potasse. Il s'agissait d'un enfant de cinq ans et « demi d'une assez forte constitution qu'on apporta à l'hôpi- « tal Ste-Eugénie offrant tous les signes rationnels du croup, « sifflement laryngo-trachéal continu, aphonie, toux éteinte « mais en même temps stridente, oppression, fièvre ; sur les « amygdales on remarquait encore quelques traces de fausses « membranes. On avait déjà traité l'enfant en ville et on l'a- « vait fait vomir plusieurs fois. Je prescrivis immédiatement « une potion gommeuse de 150 grammes additionnée de « 4 grammes de chlorate de potasse, et je fis ajouter 50 cen- « tigrammes de musc, dans le but de combattre les phéno- « mènes spasmodiques, qui accompagnent la présence de la « fausse membrane laryngée et déterminent les accès de suffo- « cation qui forcent à pratiquer la trachéotomie ; je laissai « pour dit d'avoir recours à ce moyen, si des accès de suffo- « cation se manifestaient dans la journée. Soit sous l'influence « du musc, soit parce que ce croup n'avait pas une marche « très-rapide, très-précipitée, toujours est-il que l'enfant « passa la journée de son entrée à l'hôpital, la nuit et la « journée du lendemain sans aggravation dans les symptômes « et sans qu'on fût obligé, par conséquent, d'avoir recours à « la trachéotomie ; puis, pendant la seconde nuit, cet enfant « fut pris d'une expectoration muco-purulente assez considé- « rable pour appeler l'attention de la religieuse qui, le lende- « main matin à son arrivée dans la salle, trouva de chaque « côté du berceau de l'enfant, le parquet souillé d'un grand « nombre de crachats larges, épais, opaques, blanchâtres, « tout à fait semblables, disait-elle, à ceux qu'aurait rendus « un vieillard atteint de catarrhe. A partir de ce moment, les « accidents allèrent en diminuant graduellement, puis l'enfant « guérit complètement. »

En résumé, il n'y a qu'une seule maladie dans laquelle l'ac- tion du chlorate de potasse me paraisse incontestable, c'est la stomatite ulcéro-membraneuse sporadique, car lorsque la maladie se développe sous l'influence *nosocomiale*, on voit assez souvent la maladie résister à l'action du médicament ou n'en éprouver qu'une modification incomplète ou peu durable, en effet, M. le docteur Sée a observé *dix-huit* cas de croup pendant l'année 1857, à l'hôpital des enfants malades, soit dans son service, soit dans les salles de M. le docteur Bouvier. Seize sont morts malgré le chlorate de potasse, employé soit avant soit après la trachéotomie.

Deux seulement ont guéri et ils n'avaient pas été traités par le chlorate de potasse mais uniquement par les vomitifs.

On a essayé l'iodate de potasse comparativement au chlorate dans la même maladie. Il a été employé trois fois et toujours sans succès.

On voit, par l'esprit de réserve et de doute qui est accusé par la communication de M. le docteur Legendre, et aussi par les dires franchement négatifs de M. le docteur Sée, combien nous avions raison de montrer nous-même beaucoup de scepticisme.

XI. — Dans l'angine glanduleuse.

Ramener la clarté de la voix, tarir l'hypersécrétion des glandules du pharynx et de celle du larynx; empêcher cette sensation de corps étranger et de picottement qui force les malades à *hemmer*, conduire enfin à une résolution progressive cette hypertrophie glandulaire; telle était la tâche fort complexe imposée à notre médication nouvelle, pour qu'il fut permis d'en faire l'éloge dans la pharyngite glanduleuse.

Les cas se sont multipliés sous nos yeux et les observations ne nous ont laissé que le choix.

Les solutions de chlorate de potasse employées en gargarisme ne font qu'irriter, quelquefois assez vivement, la face inférieure du voile, et toute la partie pharyngienne de la muqueuse demeure en dehors de sa portée, ainsi mode d'emploi insuffisant.

Les potions remplissent mieux l'indication de déterminer un contact immédiat du médicament et des parois du pharynx, mais la modification nous a semblé encore insuffisante, peut-être à cause de la rapidité du deuxième temps de la déglutition et de la médiocre solubilité du sel.

Quant à l'*action topique en retour*, elle est infiniment petite, parce que les glandes pharyngiennes n'ont pas la même propriété éliminatrice eu égard au chlorate de potasse, que les glandes buccales.

Cette différence de sécrétion physiologique est évidemment accusée par la différence d'efficacité du chlorate dans la stomatite mercurielle et dans certaines pharyngites pseudo-membraneuses.

Comme on le voit, pour nous l'action topique doit être principalement recherchée, et c'est ce qui justifie la préférence que nous avons cru devoir accorder au traitement par les cautérisations et les sulfureux dans l'angine glanduleuse.

Quant à ces derniers, leur action locale en retour ne saurait plus être contestée depuis les recherches de M. le docteur Bernard.

Les sulfureux administrés à l'intérieur, par quelque voie que ce soit, sont rejetés en quelques minutes par l'expiration pulmonaire, et il n'est pas douteux alors que tout l'espace pharyngien soit baigné d'une atmosphère de vapeur sulfureuse.

XII. — Dans la salivation et dans les hypersécrétions.

§ 1. Nous ajoutons ce chapitre pour donner comme le résumé de ce que nous avons vu précédemment et pour toucher à quelques points de pathologie qui n'ont pas trouvé place dans notre cadre.

Nous avons vu jusqu'ici le chlorate de potasse sécher la muqueuse de la bouche, quand elle est saine et couverte de son épithelium (voir toutes les observations), nous avons pu constater, au contraire, que si la muqueuse est dénudée de ce protecteur naturel, la salive abonde, comme excitée par l'irritation que produit le médicament.

Au contraire, administré à l'intérieur, il ne produit pas la salivation; il calme celle qui existait déjà et bientôt la fait disparaître. Dirigé dans nos explorations par ces faits précis, nous avons du nous demander s'il n'agissait pas contre toute espèce de salivation, quelle que fut d'ailleurs la nature de ce flux accidentel.

II. — Nous avons du songer tout naturellement aux cas fréquents de salivation sans lésion matérielle appréciable, qu'on observe dans tous ces cas de troubles digestifs, mal définis, désignés tour à tour par les mots de pyrosis, gastralgie et dyspepsie, etc. Puis se sont présentées à notre pensée les salivations dues à une simple action mécanique, telles que le flux assez abondant qu'on observe dans les efforts de la toux, celle qui se lie aux névralgies de la face, à la grossesse, et à quelques névroses, comme la rage, l'hystérie, la folie etc.

Si l'on parcourt nos observations de phthisie on remarquera que plusieurs de nos malades étaient atteints d'un flux salivaire assez abondant; que chez quelques-uns, cette salivation pouvait-être regardée comme une cause réelle de déperdition des forces : et que, dans tous les cas, le chlorate de potasse à respecté ou a, à peine, diminué cette complication fâcheuse. Tous les matins les crachoirs étaient remplis, après comme avant le chlorate de potasse, de liquide venant de la bouche, indépendamment de ceux sécrétés par les bronches.

Chez une femme du service de M. Bouillaud (salle Sainte-Madelaine n° 14,) nous avons vu une névralgie de la cinquième paire, d'origine syphilitique, accompagnée de sialorrhée; le chlorate a fait disparaître complétement ce flux qui durait depuis longtemps. Mais il avait débuté avec l'emploi du mercure; c'est un succès qui s'ajoute à ceux déjà constatés dans la salivation mercurielle, mais qui ne prouve rien en faveur du chlorate dans la salivation des névralgies.

Chez une autre malade n° 6, Sainte-Madelaine, service de M. Bouillaud, on ne trouvait aucune trace de stomatite, capable de donner lieu à une salivation réelle, et cependant le crachoir était chaque matin presque à moitié rempli d'une salive transparente et libre de tout mélange avec des mucosités bronchiques : on donna le chlorate de potasse.

Nous ignorons s'il faut attribuer ce flux salivaire à une stomatite qui nous a échappé malgré notre attention en éveil sur ce point, ou à toute autre cause. Toujours est-il que la salivation loin d'être bientôt amendée augmenta réellement.

Dans quelques cas, nous avons constaté que d'anciennes salivations étaient exagérées et il était permis d'attribuer aux nausées et à d'autres troubles digestifs développés par l'usage du chlorate de potasse cette augmentation anormale du flux salivaire ; dans ces circonstances l'effet thérapeutique serait, comme on le voit, bien contraire au but que l'on se proposait.

Nous avons le regret de ne pouvoir citer aucune observation de salivation dans l'hystérie, la rage, la folie, la grossesse, le trismus, les maladies du pancréas, etc.

Faut-il par analogie supposer que le chlorate ne serait pas ici sans action sur cet élément (flux salivaire) tout en restant bien entendu sans action sur la cause de la salivation.

III. — Malgré ces faits il est permis de se demander si les différents *flux* de l'économie ne seraient pas diminués ou taris par notre médicament.

Des considérations physiologiques, par nous exposées brièvement au début de ce travail, il résulte que le sel trahit sa présence dans les larmes, dans l'urine, dans les mucus nasal bronchique, etc.

D'où ces questions que nous avons tâché de résoudre :

IV. — Quel est son effet sur les larmes, sur l'épiphora :

Observation : Chez une malade couchée salle Ste-Anne, n° 16, Charité, atteinte d'iritis syphilitique et de conjoinctivite avec photophobie, de larmoiement, l'écoulement des larmes resta le même, sans diminuer malgré le chlorate. Il ne cessa guère qu'avec l'Iritis et la conjoinctivite, traitées elles-mêmes par le mercure et les révulsifs.

Au n° 13 de la salle St-Charles, était couché un homme affecté de syphilis et présentant un larmoiement opiniâtre, dont l'intensité était en disproportion avec sa cause probable et sensible, une conjoinctivite légère.

Cette hypersécrétion fut traitée par le chlorate à l'intérieur et résista, même après l'usage longtemps prolongé d'un collyre astringent. Enfin notre malade finit par sortir ; l'épiphora étant à peine diminué.

V. — Dans le Coryza :

C'est encore là une maladie qui n'est guère impressionnée par le chlorate de potasse.

Chez deux enfants de la salle St-Bernard, Hôtel-Dieu, service de M. le professeur Trousseau, et surtout, chez celui qui était couché au n° 16.

Chez une jeune fille, même salle, même service, n° 9, atteinte d'angine couenneuse et de coryza avec suintement assez abondant.

Chez un homme, n° 13, St-Charles, Charité, dont la barbe était continuellement baignée de mucus nasal.

Dans tous ces cas, le flux nasal ne fut modifié ni dans sa nature, ni dans ses qualités, et il persista avec la même abondance.

VI. — Dans les affections des voies urinaires.

Un homme était affecté d'albuminurie depuis longtemps, par suite d'une néphrite chronique liée elle-même à une maladie du cœur (Charité, salle St-Jean de Dieu, n° 9, M. Bouillaud). Le chlorate employé fut longtemps sans effet sur les urines, aussi bien sur leur quantité que sur leur nature, et cependant, le malade sortit n'offrant plus dans ses urines de traces notables d'albumine.

Mais il est impossible de faire honneur à notre médicament de cette amélioration, d'ailleurs si tardive puisque le même malade avait présenté dans ses antécédents, plusieurs exemples analogues de disparition de l'albumine sans le secours du chlorate.

VII. — Dans le flux bronchique :

Dans les catarrhes liés à la phthisie nous n'avons pas vu de modification. Nous nous bornons à constater simplement ce fait que démontrent nos observations, notre travail ayant déjà fait mention de cet insuccès dans un chapitre sur la phthisie.

Chez une femme couchée au n° 5, Ste-Madelaine, atteinte d'asthme et de bronchite suraiguë, les mucosités expectorées, très-abondantes au début, n'ont pas semblé diminuer autrement qu'en obéissant à l'évolution naturelle de la maladie.

VIII. — Donnons une mention particulière à quelques autres flux pour enregistrer autant de déceptions.

Dans le catarrhe vésical, où nous avions le droit d'espérer quelques succès, puisque c'est par les urines que se trouve expulsé le médicament en plus grande quantité, nous n'avons pas été plus heureux.

Chez une malade couchée au n° 19 de la salle Ste-Anne, Charité, nous n'avons rien obtenu, même en ajoutant au traitement interne des injections chloratées dans la vessie. Cette malade qui offrait une abondance extrême de mucus ou plutôt de mucopus dans son urine, sortit sans amélioration aucune. Même insuccès chez une femme couchée au n° 23 Ste-Anne, Charité. Même insuccès chez un homme, n° 17 St-Charles.

Dans la blennorrhagie chronique :

Nous n'avons encore qu'une négation à donner ici, je ne veux pas parler d'un certain nombre de malades que j'ai pu étudier en dehors des cliniques, dans ce but particulier, et que j'ai le regret de ne pouvoir citer ici, par respect pour les termes du règlement. Mais j'ai vu, salle St-Jean de Dieu n° 21, un malade atteint d'une blennorrhagie qui ne fut amoindrie en rien par le chlorate de potasse et qu'on fut obligé de soigner par le traitement ordinaire.

Dans la leucorrhée enfin, nous n'avons constaté aucun succès, et la femme couchée au n° 23 salle Ste-Anne, Charité, affectée d'un carcinome de l'utérus, nous montre que les leucorrhées symptômatiques aussi bien que les leucorrhées essentielles, rencontrées si souvent dans nos observations chez nos malades chlorotiques ou autres ne se sont pas trouvées améliorées par notre médicament.

Comme on le voit, dans cette question des hypersécrétions, le raisonnement nous avait fait espérer des succès ; nous sommes réduit à constater les succès de la salivation liée à l'inflammation buccale et à la stomatite mercurielle en particulier.

XIII. — Dans la phthisie.

Nous n'avons pas administré à nos malades phthisiques le chlorate de potasse à titre de moyen spécifique contre la tuberculisation; nous n'avons pas été prétentieux à ce point pour le compte de notre médicament, mais nous ne pouvons nous refuser à dire très-brièvement ce qu'est devenue la maladie principale pendant que le muguet, la complication, était soumis au chlorate de potasse.

Les éléments de la phthisie, que notre sel pouvait combattre utilement peut-être, étaient : la réplétion trop rapide des cavernes, l'écoulement continuel dans leur cavité du produit de la fonte tuberculeuse; puis, l'hypersécrétion bronchique, traduite dans le crachoir en une abondante solution de gomme; la dyspnée peut être, puisqu'on a fait de notre remède un agent d'hématose; la fièvre, puisqu'on lui a donné des propriétés sédatives de la circulation; les névralgies intercostales, si fréquentes chez les pauvres victimes de la cachexie; l'inappétence, puisqu'il a été dit que notre sel relevait l'appétit. Il y avait là, on le voit, un beau champ à l'observation, et nous l'avons consciencieusement exploré.

Nos résultats ne sont pas heureux. Nous ne voulons pas faire même une mention de la plus ou moins grande mortalité après l'usage du sel. Celui-ci ne l'a pas augmentée, mais ne l'a pas non plus diminuée.

Avons-nous, au moins, calmé les souffrances de nos pauvres phthisiques. Leur salivation variait peu, ou bien si la sécrétion bronchique paraissait s'amender, c'était le plus ordinairement à la suite de cette poussée inflammatoire qui survient souvent en pareil cas et dont la conséquence est toujours de tarir les sécrétions pour un moment.

La fonte des tubercules n'a jamais paru modifiée et l'auscultation montrait chaque matin, par l'abondance des gargouillements ou des râles souscrépitants, la même rapidité du ramolissement tuberculeux et la même quantité de liquide épanché dans les cavernes, partout même fièvre, mêmes sueurs nocturnes, mêmes douleurs, mêmes troubles de l'organisme. La diarrhée, le chlorate ne la calmait pas, mais ne la provoquait-il jamais? Nous croyons être autorisé à dire qu'il déterminait de l'irritation et de légères coliques. Ces muqueuses à muguet, si on peut ainsi dire, faisaient déjà bien incomplètement toutes leurs fonctions digestives; il venait souvent les troubler davantage et hâter les douleurs épigastriques, les renvois brûlants, les indigestions en un mot.

Pour les quintes de toux, elles ont paru exaspérées, car bien des fois le sel pris en potion, détermine des cuissons très-vives en passant à l'isthme du gosier, dans le pharynx, à l'orifice du larynx : et ces douleurs éveillent la toux au dire des malades eux-mêmes.

Nous avons compté les respirations chez presque tous les malades soumis à notre observation, et le nombre des mouvements respiratoires était aussi fréquent après qu'avant le chlorate. Les points névralgiques demeuraient aussi intenses. Rien en un mot n'avait été modifié. Mais en revanche, il nous a semblé que les malades avaient souffert du remède : les cuissons à la gorge et une certaine prostration des forces, nous ont fait juger qu'il était nuisible et qu'il ajoutait à l'adynamie des phthisiques. Ce dernier fait prouverait-il qu'il agit comme altérant? Ce serait peut-être bien téméraire que de se croire autorisé à cette conclusion, basée sur des faits aussi ordinaires dans l'évolution de la phthisie.

Dans tous les cas, ces inconvénients suffisent pour exclure l'usage interne du chlorate dans la phthisie, et pour conseiller de préférence le médicament en gargarisme.

XIV — Dans la syphilis.

Si nous avions une plus grande liberté nous citerions un assez grand nombre de faits empruntés à l'hôpital St-Louis, et qui ne font guère l'éloge de notre sel comme anti-syphilitique, mais sans demander des secours étrangers, nous avons dans les cliniques de la Faculté, des éléments suffisants pour nous édifier.

Notre doute, notre scepticisme sont pleinement confirmés sur ce point.

Un homme de la salle St-Charles, n° 12 et 51, Charité, conserve dans la bouche les ulcérations qu'il portait bien avant l'usage du mercure. Ce médicament est employé et apporte de nouvelles complications buccales. — Le chlorate triomphe des derniers, mais les anciennes ulcérations syphilitiques très-marquées, ne se modifient pas plus que les autres signes de la diathèse syphilitique de ce malade.

Salle Ste-Madelaine, n° 14, Charité, clinique de M. Bouillaud, une femme syphilitique sort avec des accidents non douteux, et spécialement avec une douleur ostéocope, qu'elle conserve malgré le chlorate, donné d'abord contre les effets du mercure, puis prolongé quelques temps après la disparition des accidents mercuriels. — Dans le même hôpital, c'est une femme couchée au n° 16, Ste-Anne, Charité, clinique de M. Piorry, ob. 20, soumise pendant quelques périodes de sa maladie à l'usage du chlorate en potion, et dont les tumeurs gommeuses n'ont pas paru rétrograder sous l'influence isolée de notre médicament.

Puis une autre femme, n° 6, Ste-Madelaine, clinique de M. Bouillaud, ob. 34, qui sort en s'exclamant elle-même, que son état n'a pas varié, et cependant elle eut quinze jours le chlorate de potasse, à l'exclusion de toute autre médication. — Citons encore le n° 22, Ste-Anne, ob. 14, dont le chlorate ne modifie pas les ulcérations syphilitiques tant qu'il est prescrit à l'intérieur, et qui conserve ses douleurs ostéocopes jusqu'au jour où l'on fait emploi de l'iodure de potassium. N° 20 même salle, ob. 56, une femme offre des ulcérations syphilitiques; le chlorate en potion ne les guérit pas.

Il demeure donc bien établi pour nous, surtout après les belles cures obtenues par les anti-syphilitiques si puissants, dont nous avons suivi attentivement les effets curatifs, que l'iodure de potassium et les préparations mercurielles n'ont pas à craindre de se voir déposséder de leur vieille réputation par le chlorate de potasse.

XV. — Contre les cachexies mercurielles et saturnine.

Il était naturel, en voyant les effets satisfaisants obtenus contre la stomatite mercurielle, de songer aux effets possibles du sel contre la cachexie de même origine.

Un homme atteint de tremblement mercuriel, acquis dans l'exercice de la profession de doreur sur métaux, est soumis au chlorate de potasse, et, la veille de sa mort, il était encore dans l'impossibilité absolue de porter lui-même les aliments à la bouche.

Ce fait isolé est sans doute insuffisant pour permettre d'en tirer une conclusion, mais ces cas sont heureusement très-rares et on est autorisé, au moins, à invoquer celui-ci comme un commencement de preuve; nous ne disons pas comme preuve définitive, bien que ce soit notre pensée, de peur d'être accusé de prévention. Par analogie nous avons expérimenté notre sel dans les accidents saturnins du côté de la bouche et dans les troubles digestifs. — Succès très-lents mais appréciables contre la tuméfaction et le liseré des gencives; insuccès absolu contre les coliques. Quant au rétablissement de la contractilité musculaire, nous ne savons s'il pourrait le déterminer, attendu que nos malades soumis à la faradisation présentaient encore l'intégrité la plus complète de la contractilité de leurs muscles pendant l'action de l'électricité [illegible]

XVI. — Dans le rhumatisme articulaire aigu.

L'observation nous fait quelque défaut dans cette maladie grave. En vérité nous ne le regrettons guère. — Nous voyons, au contraire, avec une certaine satisfaction la réserve de nos maîtres qui se croient suffisamment édifiés par les recherches antérieures. Elles sont à leurs yeux comme aux nôtres presque complétement négatives. Le malade de la salle [illegible] nº 19, où 49, service de M. le professeur [illegible] quelque temps au chlorate, nous a montré [illegible] fâcheux de conseiller l'emploi de notre [illegible] rhumatisme articulaire aigu. En effet, pendant [illegible] voyons chez ce malade le pouls et la respiration [illegible] même fréquence, malgré la dose de [illegible] 8 grammes de chlorate); les douleurs [illegible] déjà prises, pour en envahir cependant de nouvelles. On le laisse : huit jours après l'emploi du sulfate de quinine, le malade mangeait une portion. Il faut cependant être juste pour le sulfate de quinine, et avouer qu'il a profité de l'évolution antérieure et spontanée de la maladie, qui d'elle-même, devenait plus guérissable en se rapprochant de sa terminaison.

Rapprochons maintenant notre médicament du nitrate de potasse, dont quelques auteurs font estimables [illegible] heureux contre le rhumatisme. Le nitrate de potasse [illegible] réduit à quelques centigrammes, notre sel, à 8 grammes et plus, ne produit que cinq mictions par jour chez un malade qui boit trois pots de tisane. Le nitre est hyposthénisant; notre sel ne nous a jamais produit cet effet [illegible] à la veille de mourir et hyposthénisés par le fait même [illegible] est donc bien supérieur au chlorate au point de vue des indications à remplir dans le rhumatisme articulaire. [illegible] concluons en disant (sous la réserve des expériences qui pourront être faites et dont nous ne voudrions [illegible] notre conscience, si elles devaient être [illegible] toute la durée de la maladie) : le chlorate de potasse [illegible] pas être employé dans le rhumatisme articulaire aigu.

XVII. — Dans les ophthalmies.

La plupart des observateurs distingués qui ont écrit sur notre sel, ont dirigé leurs expérimentations conduits par ce raisonnement : Le chlorate de potasse à l'état physiologique et pathologique est rejeté par les glandes salivaires, donc il doit agir sur la cavité qui reçoit leurs produits; l'expérience a justifié ces prévisions. Les glandes lacrymales sont également une voie d'élimination du chlorate de potasse, le suc muqueux oculo-palpébral que les larmes lubréfient dans leur cours, sera-t-il modifié par la présence du sel en suspension dans le liquide? De ce mélange résultera-t-il un collyre naturel pour ainsi dire. Enfin, le chlorate ayant toujours du succès contre l'élément diphthéritique, les ophthalmies qui présentent ces produits seront-elles modifiées par notre sel?

Les faits ont répondu. Plusieurs des malades que nous avons observés (ob. 34 bis, — Saint-Bernard, Hôtel-Dieu, ob. 26. et 16 Sainte-Anne, Clinique de la Charité, ob. 20;) offraient un état inflammatoire bien marqué, avec quelques symptômes d'acuité greffés sur un état chronique. — Nulle part nous n'avons pu constater une modification de ces états organiques. Chez aucun malade la sécrétion lacrymale n'a été augmentée; et si le malade du n° 13, Saint-Charles, Charité, ob. 43, présentait de l'épiphora avant le traitement par le chlorate de potasse, notre sel ne l'a pas diminué; si le même malade offrait une couche diphéritique sur les paupières, celle-ci a persisté; et le malade est sorti aussi gêné de son épiphora qu'à son entrée dans le service.

Enfin, chez tous les malades qui offraient des yeux parfaitement sains, nous n'avons constaté aucune sensation anormale, aucune modification capable de changer la couleur, la forme, la sensibilité de cette région.

Or, que doit-on demander d'un médicament qui agirait contre les ophthalmies? il faudrait qu'il pût agir comme irritant sur un œil sain, comme substitutif sur un œil enflammé, qu'il pût modifier en plus ou en moins les sécrétions muqueuses purulentes et lacrymales. Or, des yeux parfaitement sains ne se sont pas injectés, d'autres déjà injectés n'ont pas gagné une teinte de plus ; l'épiphora n'a pas remplacé l'aridité des paupières; l'abondance de l'excrétion lacrymale ne s'est pas tarie; donc, à moins qu'il n'y ait une action cachée, insensible, particulière à quelques collyres et au chlorate spécialement, nous ne voyons plus de quel mode d'action il pourrait ici se revêtir encore.

Mais après tout, c'était beaucoup demander à un sel excrété en si petite quantité dans un véhicule si rare, si intermittent lui-même. Nous sommes donc amené à conclure en disant : quelle que soit la raison de cette vérité négative, nous pensons qu'il faut l'accepter ; le chlorate de potasse n'a donné rien à espérer de son expulsion physiologique par les voies lacrymales.

XVIII. — Dans l'ictère.

Nous en avons observé quelques cas, mais tous ont été peu décisifs ; tous présentaient des exemples d'altérations organiques graves et incurables ; cependant ne voyons nous pas quelques auteurs accuser des succès dans des ictères également symptômatiques. L'un de nos malades (12, St Charles, ob. 51), est traité pendant onze jours par le chlorate, et l'ictère n'a pas perdu de l'intensité de sa teinte ; un autre, couché au même lit et entré immédiatement après ce malade, s'est plaint avec insistance des aigreurs, des vomissements que lui causaient le médicament.

Un autre malade, ictérique, salle St-Antoine, 16, ob. 50, Hôtel-Dieu, n'a pas été plus impressionné par notre sel. Ces trois malades ont conservé, malgré le chlorate de potasse, la même intensité de leur nuance ictérique ; mais ils sont morts rapidement ; aussi nous ne croyons pas que nous puissions nier complétement les faits anciens. Toutefois, qu'il nous soit permis de conserver nos impressions personnelles, si incomplètes qu'elles soient et de ne point ajouter confiance à la puissance anti-ictérique du chlorate de potasse.

XIX. — Dans les douleurs.

(Douleurs ostéocopes. — Névralgies diverses. — Coliques de plomb.)

Quelle que soit la manière de classer les douleurs nocturnes de la syphilis, nous avons été autorisé à considérer à part l'élément douleur, et à expérimenter contre celle-ci les effets de notre sel ; et aussi bien, contre quelques autres douleurs plus clairement essentielles ou sympathiques.

Nos recherches sur la stomatite mercurielle nous ont fait trouver beaucoup de cas de syphilis, et ceux qui nous ont le plus frappé sont ceux relatés dans les observations (Charité 22, Ste-Anne ob. 14 et n° 14 Ste-Madelaine), chez qui le sommeil était devenu impossible, malgré le chlorate de potasse,

En outre nos phthisiques nous ont offert presque tous, des douleurs intercostales, dorsales et autres et elles persistèrent. Enfin, nous avons essayé notre sel avec l'inutilité la plus complète, dans quelques cas de coliques de plomb.

Donc, ici encore, doute absolu sinon négation complète de l'effet sédatif de notre sel sur le système nerveux.

XX. — Comme parasiticide.

Les quelques succès du chlorate de potasse dans le muguet et, peut-être, contre l'un de ses éléments l'*oïdium albicans*, nous avaient donné la pensée d'expérimenter notre sel contre les parasites végétaux.

M. le docteur Bazin, médecin de l'hôpital St-Louis, a bien voulu, sur notre demande, faire quelques recherches à cet égard, sur les nombreux malades à affections parasitaires qui abondent dans son service (Applications locales).

Le sel a surtout été employé dans le pityriasis versicolor dont le parasite est le *microsporonfurfur*.

Jusqu'à présent, dit M. Bazin, les résultats ne sont pas de nature à permettre de formuler encore une conclusion.

Ne pouvons nous pas de notre côté, conclure de là que si le chlorate avait, par hazard, une puissance parasiticide, elle ne saurait, en tous cas, entrer en comparaison avec celle des médicaments usités journellement dans cet hôpital (Lotions de sublimé, sulfureux, etc.)

XXI. — Comme vulnéraire.

On a vanté le chlorate de potasse dans les cas de chûtes, coups et contusions, et dans la fièvre que ces accidents entraînent à leur suite; on s'était appuyé sur cette idée, que notre sel est un excitant diffusible, capable de donner comme un coup de fouet à la résorption interstitielle.

Or, tous nos malades nous ont démontré combien la circulation restait impassible devant le chlorate de potasse.

Mettant de côté toute idée théorique, pour ne voir que les faits, nous avons observé quelques malades atteints d'ecchymoses, de coups et de plaies, et soumis au chlorate. Ce sont surtout les n° 3 ob. 3, et n° 5 ob. 36, salle St-Charles, clinique de la Charité, qui nous ont donné les plus beaux types d'insuccès.

Abstraction faite de toute idée théorique, les faits que nous avons pu voir, nous conduisent à une conclusion bien éloignée de celle des anciens auteurs : le chlorate de potasse, pris à l'intérieur, ne fait pas disparaître les extravasations de sang avec *la plus grande promptitude*.

A côté de ces malades, voyez spécialement ceux de la salle Ste-Vierge, 31. ob. 59, service de M. le professeur Velpeau, traités soit par l'eau blanche seule, soit par les ventouses sur le point ecchymosé et par l'eau blanche simultanément ; et on verra combien dans ces derniers cas, la résorption a été plus rapide. Notre conclusion est donc défavorable absolument, et après l'expérimentation comparative que nous avons eu soin d'ailleurs de mettre en usage, dans tous les cas où le chlorate a été prôné.

XXII. — Chlorate de Potasse dans les ulcères cutanés et muqueux.

Le chlorate de potasse a été proposé à titre de spécifique contre les ulcères.

Nous avons traité une foule d'ulcérations par le chlorate de potasse appliqué comme topique ou administré à l'intérieur.

Des lotions de chlorate de potasse à la dose de 5 p. 0/0 ont été mises en usage contre les ulcères cancéreux, variqueux, syphilitiques et de nature traumatique. Les effets ont été quelque peu différents, suivant le mode d'application, suivant la nature des ulcères.

C'est dans les ulcérations cancroïdes que nous avons obtenu le plus beau succès. Un malade couché dans le service de M. Laugier (intérim de M. Richet), salle Ste-Marie, nº 70, ob. 64, portait depuis fort longtemps sur la joue gauche une ulcération cancroïdale occupant les 2/3 de la région. Ce pauvre homme avait essayé inutilement de tous les moyens ; entré dans le service de M. le professeur Velpeau, il avait été soumis à une cautérisation énergique, et, quelques jours après sa sortie, de nouveaux points ulcérés apparaissaient. Il fut soumis aux lotions de chlorate de potasse à la dose de 5 p. 0/0. La cicatrisation s'établit avec une rapidité très-grande, et le vingtième jour du traitement elle était achevée. Cette cicatrisation s'est opérée par un mécanisme et avec des caractères distinctifs. Toute la plaie s'est comme recouverte d'une couche blanchâtre, opaline, qui gagnait de la circonférence au centre, il ne s'était pas développé de bourgeons charnus ; les anfractuosités de la plaie ne venaient pas s'affleurer avec les bords ; elles conservaient leurs formes, leurs irrégularités ; c'était à proprement parler une dessication. Il faut accepter ce fait qui bien certainement milite en faveur du chlorate de potasse, mais il faut au moins en interpréter la valeur. A notre sens, il n'y a eu quelques bénéfices pour le malade a être traité par ce médicament nouveau, que si la guérison s'est opérée plus rapidement et à moins de frais que par tous les autres agents de cicatrisation. Or, à notre avis, c'est ce qui n'a pás eu lieu. Le malade a accusé des douleurs vives; il n'y a pas eu destruction des tissus profondément altérés, qui sont comme le foyer latent de la récidive du mal; et, s'il y a eu cicatrice, ce n'a été qu'une cicatrice purement épithéliale qui doit indubitablement se rouvrir d'un jour à l'autre.

Pour ces mêmes raisons, il devait être évident à l'avance, que le chlorate de potasse n'aurait pas la puissance de guérir des ulcérations cancéreuses, et c'est ce qui a eu lieu en effet. — Un homme atteint d'un cancer du maxillaire supérieur droit avec ulcération fougueuse, efflorescente, fut traité par notre sel; il ne se fit pas de cicatrice, il y eut un peu de dessication passagère, ce qui ne mit d'ailleurs aucun obstacle aux progrès du mal. — Chez une femme (n° 23, Ste-Anne, clinique de la Charité, ob. 37), ayant une ulcération cancéreuse du col de l'utérus et des parois vaginales, nous pouvions espérer au moins une dessication temporaire des surfaces ulcérées; ce résultat n'a pas été obtenu.

Dans les ulcérations variqueuses, la cicatrisation a eu manifestement pour cause, dans quelques cas, l'influence du chlorate de potasse. C'est ce qui a eu lieu en particulier dans l'observation n° 4, salle Ste-Marthe, clinique chirurgicale de l'Hôtel-Dieu. La rapidité de cicatrisation a été assez grande pour qu'un des malades nous priât de lui donner la recette d'un médicament qui l'avait si bien guéri. — Mais, à côté de ces faits, nous en avons là d'autres où le chlorate est demeuré absolument impuissant. Il s'agissait dans ces derniers cas d'ulcères anciens, à bords calleux, et dans lesquels les os eux-mêmes étaient affectés; tandis que dans les premiers la peau et le réseau veineux souscutané étaient seuls intéressés.

Mais que prouvent ces quelques succès? Bien d'autres médicaments aujourd'hui tombés dans l'oubli, arrivent au même résultat. — C'est ainsi que le borax nous a donné une guérison rapide chez un malade n° 34, Ste-Vierge (M. Velpeau, Charité, ob. 39.) C'est ainsi encore qu'un grand nombre d'ulcères ont été guéris par des irritants divers, par la teinture d'iode, (n° 16, Ste-Anne, clinique de la Charité, ob. 20), et encore par la simple compression par le séjour au lit; nous trouvons un exemple de ce dernier fait dans l'observation de la malade du n° 29, Ste-Vierge (M. Velpeau, Charité).

Les ulcères simples ont été soumis au même moyen; mais cette fois, les malades ont payé bien amplement les succès obtenus, par les douleurs cuisantes que le chlorate de potasse éveillait toujours. — Un malade de l'Hôtel-Dieu, n° 52, salle Ste-Marthe, clinique de M. le professeur Laugier, portait à la jambe une ulcération traumatique remontant à six semaines et qui en huit jours fut diminuée de près de moitié.

L'irritation et la dessication paraissaient ici, comme dans les deux ordres de faits qui précèdent, les causes immédiates de la cicatrisation. La fétidité disparaissait rapidement, parce que le chlorate tarissait, desséchait la sanie fétide qui se corrompait à la surface de l'ulcère.

Nous sommes obligé d'opposer à ce cas particulier, celui que nous avons vu salle St-Charles, n° 3, ob. 3, clinique de la Charité. La maladie n'a pas été amendée le moins du monde, après huit jours de chlorate, d'abord employé à l'intérieur en potion. Puis, sous l'influence d'une solution à 5 p. 0/0 de notre sel, il se forma à la surface de l'ulcère, une sorte de pellicule parcheminée, très-sèche, qui le recouvrait d'abord complètement; puis elle fut soulevée bientôt par la sanie qui s'accumulait au-dessous d'elle et que la pression faisait sourdre sur ses bords. Ces lotions étaient tellement douloureuses que le malade chaque fois se tordait sur son lit, en mordant ses draps, et que nous fûmes obligé, à la fin, d'employer des cataplasmes calmants. Aussi, dans ce cas particulier, la cicatrisation eût-elle été complète, elle aurait été payée bien cher; or elle a manqué complètement.

Restaient à étudier les ulcères syphilitiques. Ils n'ont pas fait une plus belle part à notre sel, en tant que médicament interne; nous avons fait du développement de cette vérité l'objet d'un chapitre à part. Employé en solution il a été beaucoup plus heureux; et le malade n° 22, Ste-Anne, ob. 14, (clinique de la Charité), nous a présenté à la jambe gauche un ulcère syphilitique de 0, 03 cent. de diamètre, baigné de la sanie si particulièrement fétide et comme pathognomonique, pour quelques auteurs, des ulcérations syphilitiques. La cicatrisation, sous l'influence de ce moyen topique, s'est opérée très rapidement.

Cherchons donc, en résumé, quels sont les éléments d'action du chlorate de potasse dans ces différents cas; voyons qu'elle est la part qui lui revient, s'il doit être considéré comme un spécifique.

Les ulcères tiennent le premier rang parmi les maladies presqu'inguérissables et que cependant tout améliore. Cela nait, en premier lieu, de ce que le repos, par lui seul, fait merveille et qu'on le dépossède au profit de tout médicament qui n'a d'autre mérite que d'être employé avec lui.

C'est donc à cette première condition que nous croyons devoir attribuer, en grande partie, les modifications avantageuses que nous avons observées dans plus d'un cas.

D'un autre côté, la basse température de la solution nous a paru agir bien des fois ; au point que l'accessoire du médicament, le véhicule, devenait l'agent thérapeutique principal. En effet, l'eau froide pure est aussi active, au moins dans les premiers jours du traitement, que la solution froide du chlorate de potasse, tandis que la solution tiède du même sel modifie moins sensiblement les surfaces ulcérées.

Ne peut-on pas aussi se demander s'il ne s'agit pas d'une action chimique et d'une combinaison particulière de notre sel avec les éléments liquides ou épithéliaux de la surface des plaies.

En effet, cette couche superficielle, ou sèche ou molle, dont nous venons de parler, nous a semblé plutôt un vernis formé par le chlorate et quelques-uns des éléments de sécrétion qu'une espèce d'escarre ou qu'une exsudation produite par l'action du sel.

A l'état solide, le chlorate de potasse jouit des propriétés des cathérétiques et des irritants légers. En effet, si l'on vient à placer çà et là quelques cristaux de chlorate de potasse sur une surface ulcérée, à quelque genre qu'elle appartienne, comme nous l'avons fait pour quelques malades, on est frappé de l'identité du résultat produit partout.

Les ulcères chroniques indolents, aussi bien que les ulcères douloureux aigus, sont sablés de noir dans les points mêmes où les cristaux ont été déposés. Cette coloration noire dure pendant quelques jours, ou quelques semaines, après quoi elle s'efface et disparaît à la longue. Le mécanisme de l'élimination de ces apparences d'escarre n'a rien de commun avec celui mis en usage par l'économie pour l'expulsion des escarres légitimes. On ne voit pas d'inflammation périphérique délimiter un cercle éliminatoire qui sépare nettement les tissus mortifiés de ceux restés sains. Seulement, peu à peu, les points soumis à notre sel tombent lentement en deliquium, sans changer un instant le niveau de l'ulcère. La durée de cette élimination insensible varie d'ailleurs en raison directe du volume des cristaux déposés, du degré de vitalité de l'ulcère et du temps qu'a duré leur action.

Dans les ulcérations de la muqueuse buccale et des diverses muqueuses, nous avons fait l'essai de notre médicament. Or, nous avons pu constater bien des fois dans les stomatites avec ulcères, combien cet élément résistait aux potions, aux gargarismes et au sel lui-même appliqué en poudre (13, Sainte-Anne. Clinique de la Charité). L'ulcération des muqueuses est donc en général plus rebelle à notre moyen que les ulcérations du tégument externe. Cela tient évidemment à l'abondance des liquides salivaires et autres que les glandes versent à leur surface. Or, nous avons pu voir que la dessication est l'un des premiers éléments de la cicatrisation des ulcères cutanés par le chlorate de potasse.

L'inefficacité du chlorate de potasse est tellement admise, en général, contre les ulcères des muqueuses, que presque tous les médecins qui en font usage, conseillent après lui, des cautérisations avec un acide ou le crayon. C'est là une manière très-efficace de créer, à la surface de l'ulcère, une couche désorganisée, sorte d'épithélium qui mettra la surface ulcérée à l'abri des liquides de la bouche et qui permettra au chlorate de potasse de produire toute son action en retour.

Ainsi, dans les ulcères cutanés ; confiance dans le chlorate de potasse aussi bien que dans la plupart des autres moyens réputés utiles jusqu'ici ; dans les ulcères des muqueuses : confiance bien plus secondaire encore.

INDICATIONS ET CONTR'INDICATIONS

XXIII. — Dans quel cas peut-on dire *à priori* **qu'il convient d'exclure ou d'employer le Chlorate de Potasse** *(indications et contr'indications).*

Malgré notre rigorisme contre les prétentions des auteurs qui ont vanté, outre mesure, le chlorate de potasse, nous sommes loin d'en conseiller partout l'abandon. Si bien souvent, il agit aussi modestement que des médicaments déjà bien connus par leur faiblesse, ailleurs il produit des effets plus nets que les médicaments employés de toute éternité contre quelques stomatites par exemple. Dans un troisième ordre de cas pathologiques, aucun agent thérapeutique ne peut lui être comparé comme puissance.

Dans cette dernière classe on peut ranger la stomatite mercurielle ; encore n'est-elle pas guérie complétement dans la plupart des cas et la gengivite ulcéreuse lui résiste, tandis

donc pas un remède d'urgence. » Il est impossible de mieux dire que le chlorate de potasse laissera mourir à coup sûr. — Nous serions pourtant disposé à conserver notre médicament, au moins à titre d'auxiliaire, et cela par égard pour les cas où il ne nous a pas paru absolument dénué d'action.

Enfin, par comparaison le chlorate de potasse n'est-il pas, après tout, justifié de sa stérilité par celle de tant d'autres agents; puisque les mercuriaux, les alcalins, l'ipécacuanha, les iodures, l'azotate d'argent sont sans action contre la diphtérite, il a bien le droit d'être sans action lui-même.

Si nous l'avons essayé pour faire un contrôle ou pour obéir à l'analogie, dans le rhumatisme articulaire aigu chronique, dans l'intoxication mercurielle et saturnine. — Dans les lésions buccales amenées à la longue par le plomb. — Dans la blennorrhagie, dans le catarrhe vésical, dans la leucorrhée, dans la sialorrhée, dans quelques cas de calculs urinaires, dans les contusions, dans les plaies, dans les ophthalmies, les affections pulmonaires, comme parasiticides, nous avons acquis la satisfaction d'avoir été complet, rien de plus.

Nous n'avons aucune espèce de recommandation, de louange ou de critique à donner sur notre médicament, à propos de certaines maladies fort rares dans les cliniques, telles que la gangrène de la bouche, le scorbut légitime, — le typhus, la rage etc. Il y a, d'ailleurs, un certain nombre d'autres affections organiques où les médecins consentent difficilement à user d'un moyen aussi équivoque, alors qu'ils en possèdent d'autres d'une puissance authentique (syphilis, chorrée, névralgies).

Ajoutons enfin, qu'il y a des cas, rares du reste, où notre sel qui, d'ordinaire produisait d'excellents effets, n'en produit plus aucun contre la même maladie offrant, en apparence au moins, les mêmes caractères que dans les cas à succès; ainsi : première insuffisance; elle se manifeste dès le début du traitement.

A côté de ce premier ordre de cas malheureux d'emblée, vienent s'en placer d'autres moins fâcheux. Pendant un jour ou deux le chlorate de potasse produit un mieux réel, puis, tout à coup, le deux ou troisième jour, l'amélioration est suspendue brusquement. En vain donnerait-on quand même, de nouvelles doses du médicament en topique et à l'intérieur, le mal reste immobile ou rétrograde.

Ces faits se présentent quelquefois dans le traitement de la stomatite ulcéro-membraneuse et même de la stomatite mercurielle; ce sont là pourtant des maladies qui nous méritent le plus de succès par le chlorate. Les médecins des hôpitaux d'enfants ont si souvent noté ce fait, que nous leur signalions, pour en avoir été nous même le témoin, par exemple dans l'observation n° 13, St-Bernard. Dans ce cas particulier on voit, tout au début, un grand progrès et bientôt l'affection se reproduit pendant l'usage persistant du chlorate. Il est vrai de dire qu'il s'agit alors d'affections bien opiniâtres et qui résistent beaucoup, même aux autres moyens, quelle que soit leur énergie.

Que faire en pareille circonstance? Ce que conseille une thérapeutique sagement énergique, ce que font d'ailleurs, mais un peu trop tard, les médecins non prévenus du fait et qui en sont les victimes pour la première fois. — Il faut abandonner tout à fait le chlorate de potasse et ne pas insister sur un médicament sans utilité, dans l'espèce, pour le malade; voilà le parti à prendre dans le cas d'insuccès absolu et initial.

S'il n'y a qu'une lenteur très-grande dans la marche du mal vers la guérison, on adjoindra un auxiliaire puissant comme l'acide chlorhydrique dont on touchera les points ulcérés. — Car c'est surtout contre l'élément ulcération que notre sel vient échouer le plus souvent, au moins dans les maladies de la bouche.

Resterait à rendre un service plus réel que de faire la découverte d'un insuccès; il faudrait le prévoir, pour éviter des espérances en pure perte. — Cela serait surtout indispensable à spécifier, s'il s'agissait d'une maladie pressante, où tous les délais ajoutent à la gravité du pronostic. — Mais nous n'avons d'autres moyens de prévenir les inconvénients que d'y assister attentivement et de les pallier dès qu'ils se présentent.

On peut affirmer qu'au troisième jour en général l'efficacité ou l'impuissance du sel devront s'être accusées franchement.

Enfin après tout, dans l'hypothèse d'un cas sérieux, la solution de la question perd de son intérêt, puisque nous avons posé en principe qu'il ne devait alors figurer au traitement qu'à titre d'auxiliaire. Peu importe dès lors qu'il ne tienne pas ce qu'il n'a jamais promis dans nos expérimentations.

XXIV. — Essai du médicament par les doses homéopathiques.

Il y a quelque part un journal, dénommé pompeusement l'*Art médical*, où l'un des adeptes de cette rêverie monétaire, relève les expériences faites jusqu'à ce jour sur le chlorate de potasse. Il conclut à sa manière, en disant que l'effet évident, à l'état physiologique, du médicament sur la salivation et son action comme spécifique dans les stomatites ou la salivation mercurielle, sont une confirmation des idées homéopathiques et du principe du *similia similibus* en particulier.

Eveillé par cette tendance envahissante, nous avons pris le parti d'expérimenter à dose homéopatique. Nous eûmes soin de confier la composition de la dilution homéopathique à un docteur autrefois estimé, qui depuis changea de route ; l'école alors estimait ses qualités.

Nous avons essayé à la première dilution une cuillerée, puis deux, trois, quatre, et enfin des flacons entiers.

En vain avions nous confié à ce médecin l'examen des modifications physiologiques. A chacune de nos questions : — Ne voyez-vous rien venir ? — Il ne voyait que l'urine dont la rareté demeurait la même, que la salive qui restait identique à elle-même, comme quantité et comme réaction, que l'impassibilité enfin la plus absolue de toutes les fonctions végétatives ou de relation.

La conclusion était facile.

1° L'idée homéopathique dans tout ce qu'elle a de vrai (le chlorate de potasse est un agent utile contre la salivation), n'est pas neuve.

2° Dès qu'elle veut être neuve, (il faut l'administrer à doses infinitésimales) elle cesse d'être vraie. Sans doute le raisonnement du *similia similibus* trouve de nombreuses confirmations ; mais elles existaient de toute antiquité, et avant notre lecture de l'article sorti de l'*Art médical*, il entrait dans les hypothèses posées par nous comme jalon de notre travail. Mais ce qui n'est rien moins que démontré par l'expérience à laquelle nous nous sommes abandonné, c'est cet effet puissamment redoutable qui se multiplie en raison directe des mouvements et des secousses imprimées à la dilution.

Mais cessons bien vite cette démonstration démontrée avant d'être entreprise et qui n'aurait pas le mérite d'affronter des contradicteurs absents.

XXV. — Comme dentifrice.

Les vérités bien établies n'ont pas besoin de développement, le chlorate de potasse est un excellent dentifrice. Nous l'avons expérimenté sur nos malades et sur nous-mêmes, en opiat, en poudre, en eaux dentifices. — L'effet est très-rapide et très sûr : gencives raffermies, cavités dentaires desséchées, dents blanchies, tels sont les effets constamment obtenus.

XXVI. — Posologie.

Dose. — Depuis que le chlorate de potasse a été mis en vogue, les expérimentateurs ont su trouver, de prime abord, la dose qui paraît en réalité la mieux appropriée au besoin des divers cas de maladies. Cette dose est en moyenne, celle de 2 à 3 gram. pour les enfants et de 4 à 5 gram. pour les adultes Nous croyons devoir présenter quelques observations relativement à la dose du médicament, à la forme qu'il peut revêtir et aux diverses circonstances qui nuisent à l'efficacité du remède ou qui peuvent le favoriser.

Tous les auteurs récents s'arrêtent chez les adultes à cette dose de 4 grammes de chlorate, renouvelée chaque jour, et paraissent convaincus que ses effets ne seraient pas plus prompts avec une dose plus élevée. Ce médicament, aux yeux des auteurs, semblerait même faire exception à la règle générale, qui réclame l'augmentation graduelle des doses pendant la période de la maladie, et leur décroissance graduelle aussi pendant la convalescence. Ainsi, dès le premier jour 4 gram., et le dernier jour, 4 gram. également; de plus, après la guérison, le médicament n'est pas repris comme cela se pratique d'habitude, pour prévenir le retour des accidents; telle est, d'une manière générale, la façon toute particulière dont on a administré le chlorate de potasse.

D'un autre côté, on n'a employé à l'intérieur qu'une seule préparation, la solution dans l'eau ; et comme topique, que les gargarismes pour la bouche, et les solutions à cinq pour cent pour les ulcères extérieurs.

Ne peut-on pas augmenter la dose indiquée; quels seraient les avantages et les inconvénients de cette méthode?

Nous répondrons en affirmant que dans les cas où nous avons employé la dose de 4 grammes, nous avons constaté des états stationnaires qui disparaissent quelquefois en augmentant cette dose.

Mais, c'est surtout dans un cas tout particulier, qu'il y aurait de graves inconvénients à maintenir la dose moyenne des auteurs. Et ici, on ne s'étonnera pas de notre divergence d'opinion, puisqu'il s'agit d'un fait qu'un seul thérapeutiste avait expérimenté avant notre travail. Nous voulons parler de la proplylaxie des accidents de stomatite mercurielle, pendant le traitement de la syphilis. En effet, dans le cours du traitement mercuriel, on peut prévenir, dans le plus grand nombre des cas, les accidents hydrargyriques, par l'usage simultané du chlorate de potasse; pourvu que les doses en soient progressivement augmentées, toutes les fois qu'on augmente celles du mercure.

De plus, quand la guérison semble assurée, nous croyons bon surtout dans les cas de stomatite ulcéro-membraneuse, de conseiller au malade l'usage du chlorate à dose progressivement décroissante.

Pour se fixer dans la durée de ce traitement après guérison, il est nécessaire de tenir compte : 1° de l'état de l'économie et de sa plus ou moins grande aptitude à réveiller les accidents de la bouche ; 2° de l'âge du malade ; 3° et enfin, de l'absence ou de la réapparition, sur tous les points malades, de l'épithélium, protecteur des ulcérations à peine comblées.

En outre, il est une influence sur laquelle nous croyons pouvoir insister encore, c'est celle du milieu dans lequel le malade se trouve placé. Nous avons déjà parlé de la facilité du développement et de la reproduction de la stomatite ulcéro-membraneuse dans les hôpitaux militaires et dans les grands rassemblements. Ne résulte-t-il pas de là des récidives nécessaires, en quelque sorte fatales, et par conséquent, une indication urgente de continuer, surtout pendant la convalescence, la prescription du chlorate de potasse.

Nous croyons qu'on n'a jamais posé la question de savoir s'il faut varier la dose suivant l'intensité de la maladie ; en effet, dans la stomatite ulcéro-membraneuse la plus simple on a donné des doses aussi fortes que dans des maladies bien autrement dangereuses, comme l'angine maligne, le croup, etc. Nous croyons qu'il serait de toute utilité de porter immédiatement et d'emblée, la dose du médicament à ses plus extrêmes limites, dans les cas graves et urgents. Ce serait essayer de la sorte de suppléer par l'abondance du médicament à sa lenteur d'action.

De l'alimentation. — Faut-il modifier l'alimentation des malades ? Bien que la diète soit favorable à l'action de toute médication en général, et du chlorate en particulier, nous croyons devoir avant tout, conseiller plutôt de relever l'état général qui agit comme cause sur la manifestation locale. — D'ailleurs cette question a été posée bien plutôt en vue de l'homme sain que du malade, et ce qui le prouve, c'est que la réponse quant au régime, est toute faite par le malade lui-même : Dysphagie.

La stomatite ulcéro-membraneuse, l'angine pseudo-membraneuse, la stomatite mercurielle, n'opposent-ils pas d'ordinaire un grand obstacle à l'introduction des aliments, même liquides, dans les voies digestives ; et cette difficulté de déglutition est quelquefois tellement grande, que nous avons, été plus d'une fois sur le point d'administrer le chlorate en lavement.

Nous avons regretté de n'avoir pas assez de latitude pour l'administrer à quelques malades, assez robustes pour le supporter par cette voie. Nous avons comblé en partie cette lacune en essayant cette méthode sur nous-même, et nous avons pu constater une diurèze que ne produit pas l'ingestion par la bouche ; l'urine contenait du chlorate.

Préparation à l'emploi du médicament. — S'il ne s'agissait pas d'une question thérapeutique, à étudier dans tous ses détails, nous ne parlerions pas de la nécessité de préparer l'économie à l'absorption du médicament.

Tout le monde sait qu'il est souvent utile de préparer par un eméto-cathartique, le tube digestif à recevoir un médicament quelconque ; cette indication semble plus urgente peut-être pour le chlorate de potasse, puisque l'état de la bouche indique précisément le mauvais état des premières voies. Dans quelques cas où nous avons vu, après plusieurs jours d'amélioration, un état stationnaire de l'affection locale, nous avons été disposé à attribuer ce fait, tantôt à un embarras gastrique, tantôt à quelqu'autre trouble analogue. — Ne faut-il pas aussi rapporter à la même cause, sinon aux résultats différents, au moins les opinions variées de quelques auteurs sur l'efficacité du chlorate de potasse.

Préparation pharmaceutique. — Jusqu'à présent le chlorate de potasse n'a été employé que sous forme liquide ; il est important de dire quelques mots de la manière dont il est bon de préparer cette solution et dont il convient de l'employer : Le chlorate de potasse est peu soluble, ainsi qu'on l'a vu plus haut, et lorsqu'on veut le faire prendre à dose élevée, il reste toujours en dépôt au fond de la fiole une partie du sel ; d'où résulte tout naturellement le conseil de remplir le flacon lorsqu'une partie de la potion a été prise, afin d'opérer la dissolution du surplus. On conseillerait avec raison, à notre avis, d'employer une sorte de dissolution normale de chlorate de potasse, préparée à l'avance, et dont un certain volume ou un certain poids représenterait telle ou telle dose de sel. Et cette idée a déjà trouvé sa justification dans les avantages de la pratique.

Il est des cas où l'on sera obligé, soit pour dissimuler la saveur désagréable du sel et tromper les appréhensions du malade, soit pour diminuer l'action irritante du chlorate sur la cavité buccale, de faire dissoudre le sel dans la tisane.

Bien qu'on ait dit que la saveur du médicament n'est point trop désagréable et qu'il n'a point d'action irritante, il nous est arrivé quelquefois de trouver des malades qui accusaient des cuissons assez vives pour refuser l'emploi du médicament.

Quelques lotions huileuses sur les surfaces privées d'épithélium, ont rendu le contact du sel moins douloureux et facilité son administration. Inutile de dire que, dans ces cas, le médicament donné à l'intérieur n'en agissait pas moins par son action en retour.

Il faut employer contre quelques ulcères, des lotions qui doivent être ainsi faites : de la charpie imbibée recouvre directement la plaie, et, deux ou trois fois par jour, on verse quelques gouttes de la solution sur le plumasseau, qu'il ne faut pas enlever, de peur d'en arracher en même temps la pellicule cicatricielle en voie de formation. Nous l'avons dit, le titre de la solution doit être élevé à 5 p. 0/0.

Il est une autre forme déjà moins liquide, indiquée dans quelques cas, nous voulons parler des collutoires. Ils conviennent tout particulièrement toutes les fois 1° que le contact doit être plus prolongé que dans l'acte si court du gargarisme acte que la respiration suspendue un moment force bien vite à cesser. 2° Et quand les lèvres, la langue et les joues, grâce l'adynamie profonde où est tombé le malade, ne sauraient s'écarter ou se rapprocher des plans qu'elles touchent pour permettre l'action du médicament en solution.

Nous croyons avoir eu le premier l'idée de faire usage du sel à l'état solide, en poudre fine, sur les ulcères de la muqueuse buccale, et du tégument externe. Le chlorate de potasse en cristaux, sur quelques ulcères de la bouche, nous a paru déterminer quelquefois un travail plus vif de cicatrisation ; mais la cuisson est trop vive sur les ulcères aigus, et insuffisante, il faut bien le dire, sur les ulcères invétérés et atoniques. Dans les stomatites avec production étrangère, nous avions pensé à employer notre médicament sous forme solide, en pastilles. Nous croyions en donner la pensée à un pharmacien lorsqu'on nous en présenta qui étaient déjà livrées au commerce. Ce raisonnement qui nous avait conduit à l'emploi des pastilles est bien simple : les mouvements de succion devaient déterger mécaniquement les muqueuses et permettre l'action plus interne de la salive imprégnée du sel. Il devait résulter quelqu'irritation vive de la gorge du malade, par suite de ce mode d'emploi. Aussi, ne convient-il qu'avec la précaution de gargariser la bouche après chaque pastille ; et, avec le parti bien arrêté, d'en interdire l'usage aux malades trop sensibles aux cuissons du sel.

Faut-il que nous fassions ressortir tout l'avantage de l'usage de ces pastilles plus faciles à transporter que les potions ? Le malade veut prévenir la stomatite mercurielle il peut faire, en vaguant aux devoirs de sa profession, l'usage simultané des pilules mercurielles et des pastilles chloratées ; si les malades appartiennent à la classe que les hôpitaux reçoivent, ils pourront échapper en deux jours, à la dysphagie, à la fétidité de l'haleine, à la salivation, et, ce qui est au moins aussi heureux, aux dangers de l'alitement et des influences nosocomiales.

Conclusion.

Le hazard avait conduit d'emblée à l'emploi du chlorate de potasse dans les maladies auxquelles il convient le mieux.

L'expérimentation, appuyée sur des données théoriques, a tenté d'autres applications dans des maladies qui semblaient se prêter le mieux à son action. Et cependant, comme le démontrent les faits qui précèdent, on est forcé de revenir au point de départ et de convenir de cette vérité : *C'est encore dans quelques formes de stomatite que le chlorate de potasse trouve son plus heureux emploi.*

C'est donc bien à tort qu'on s'est étonné de ne pas voir figurer le chlorate de potasse avec plus d'honneur dans les traités de thérapeutique.

Loin de nous la pensée de méconnaître la valeur des expérimentations thérapeutiques tentées jusqu'ici ; nous croyons à la puissance des recherches quand elles s'adressent à un médicament de premier ordre, comme le quinquina et ses composés ; le hazard le découvre, l'étude le perfectionne dans son mode d'emploi, comme aussi dans les indications qui le réclament.

Si nous avons cru devoir développer la conclusion qui précède, c'est que nous avons eu dans la pensée ces médicaments qui sont d'un ordre inférieur, et qui sont condamnés à la médiocrité, même en apparaissant pour la première fois.

Nous voudrions qu'il résultât de notre travail cette loi : qu'en présence d'un médicament d'une valeur toute secondaire, on ne doit pas user sa force ni celle des malades à des recherches sans issue.

Nous regrettons donc que des hommes d'une haute valeur, comme ceux qui ont étudié notre médicament, aient consacré leurs soins et leur talent à des sujets presqu'indignes de leur recherches et de leur précieuse expérience.

Si malgré notre conclusion des expérimentateurs trop courageux ou trop confiants, voulaient s'engager dans une série nouvelle d'investigation, nous pourrions leur prédire à l'avance qu'après eux, aussi bien qu'après nous, la thérapeutique compterait une illusion de plus.

CLINIQUE MÉDICALE DE LA FACULTÉ

Hôtel-Dieu.

Service de M. le professeur ROSTAN,

Salle Sainte Jeanne, n° 12.

N° 1.

Fièvre typhoïde. — Erysipèle. — Cachexie. — Muguet. — Chlorate de potasse, guérison du muguet en six jours, pas d'effet appréciable du médicament sur la fièvre typhoïde, d'ailleurs à son déclin, le retour des forces du malade opéré spontanément est probablement la cause de la guérison du muguet ; les conditions dans lesquelles il s'était développé ayant disparu.

Entrée le 22 juin 1857, salle Sainte-Jeanne, n° 12, du nommé Lachaise, Louis, âgé de 16 ans, maçon, demeurant rue de l'Hôtel-de-Ville, n° 12, né à Saint-Amand (Haute-Vienne).

Antécédents. — ce malade n'est à Paris que depuis quatre mois, il habite dans un garni, mange mal et s'est trouvé brusquement privé de toutes les conditions hygiéniques dont il jouissait dans son pays, sa maladie débute par des courbatures, de la cophalalgie, et tous les prodromes ordinaires.

22 Juin. — Etat actuel, — Prostration hébetude, langue poisseuse, rouge, diarrhée, gargouillement dans la fosse iliaque droite, éruption de taches rosées lanticulaires. — Toux, fièvre, pouls à 90 dicrote, — chaleur âcre de la peau, urine rare et peu limpide, — la maladie suit ses phases ordinaires, cependant elle se complique d'un erysipèle de la face qui guérit de lui-même, mais qui ajoute aux troubles profonds de l'état général,

23 Juillet. — Début du muguet.

Déjà, depuis trois jours, le malade avait de la peine à avaler les aliments même liquides, il se plaignait de douleurs au contact des boissons. La réaction des liquides buccaux est acide, les bords de la langue sont couverts d'une couche confluente de productions pultacées, la lèvre inférieure en est couverte, les piliers du voile du palais en présentent quelques trous. — La salivation est peu abondante. — Diarrhée. — Poul à 76, respiration 20. — Température de la peau, normale. Toujours faiblesse musculaire extrême, potion avec chlorate de potasse 4 grammes, bouillons, potages.

Le 24 juillet. — L'état général est identique à celui de la veille, pas de mieux bien notable dans le muguet de la lèvre, diminution de moitié du muguet qui couvrait la langue; les piliers du voile sont libres, urine contient des traces évidentes de notre sel.

Le 25 juillet. — Le pouls à 75, la diarrhée diminuée, l'abondance de l'urine n'a pas varié, pas d'expectoration anormale, le muguet de confluent qu'il était se présente sous la forme discrète, à la lèvre, comme au bord de la langue, la réaction acide existe toujours.

Le 26 juillet, à peine quelques points blancs dispersés çà et là. — 27, la lèvre supérieure est guérie, seulement on voit encore une excoriation légère dans les points correspondants au muguet; la langue a repris son aspect normal à la rougeur près, la digestion du malade se fait bien, son appétit s'est éveillé, la diarrhée a disparu, il se retourne dans son lit avec facilité et répond bien plus facilement aux questions.

Le 28. — Guérison presque complète, à cela près de l'ulcération légère de la lèvre qui demeure encore, le 29. — Les plaques ulcérées de la lèvre inférieure sont cicatrisées, le malade mange une portion. — L'état général le plus satisfaisant, la convalescence marche très-vite. — Le 30, la bouche a son aspect normal, même comme coloration la réaction est encore acide, — suppression du chlorate de potasse. — Cinq jours après de récidive du muguet, le malade est en pleine convalescence.

« Dans cette observation on trouve quelques symptômes qui « diffèrent bien certainement de ceux qui caractérisent le ty- « phus. Sans faire le parallèle de ces deux maladies, les pro- « priétés qu'on a prêtées au chlorate de potasse contre l'une « d'elles, pouraient, peut-être trouver leur application dans « dans quelques phénomènes de la seconde. — Nous n'avons « vu pour ce qui nous concerne aucune action de notre sel « contre l'élément septique de la fièvre typhoïde. — Pour le « retour des forces, l'explication toute naturelle s'en trouve, « non pas dans l'action du sel, mais dans l'évolution spontanée « de la maladie. »

CLINIQUE MÉDICALE DE LA FACULTÉ.

Hôtel-Dieu.

Service de M. le professeur ROSTAN.

Salle Saint Antoine, n° 26.

N° 2.

Fièvre typhoïde. — *Muguet.* — Succès du chlorate de potasse. — Etude comparative des effets du borax; il achève la guérison sans déterminer les mêmes douleurs (dans toute l'étendue de la cavité buccale) que le chlorate de potasse.

La nommée Zalaire, Césarine, agée de 32 ans, brocheuse demeurant à Paris, rue de Grenelle, n° 37, quatrième arrondissement, née à Lyon (Rhône), entrée le 2 juin 1837. — Antécédents, — famille inconnue, pas d'enfants. Santé antérieure : habituellement mauvaise, *n'a jamais été réglée*, ne voit pas en blanc, à Lyon, début d'un goitre, elle est à Paris depuis un an seulement, — début de la fièvre typhoïde, le 20 mai, céphalalgie, vertiges, vomissements épistaxis, diarrhée, faiblesse musculaire, toux, la maladie revêt ses caractères accoutumés avec une tendance plus marquée à la forme adinamique, — complication d'erysipèle de la face et d'abcès autour du goitre qu'elle porte déjà depuis longtemps.

Le 30 juin. — Complication de muguet, il survient, alors qu'il ne reste plus de la maladie principale et de ses complications qu'une adynamie profonde. — L'appétit de la malade est cependant assez vif, elle réclame une portion — pas de diarrhée — pouls 70, respiration 22, râles muqueux, expectoration peu abondante, salivation couvrant à peine le fond d'un crachoir de forme plate. — Etat local. La langue, les lèvres et les joues sont couvertes d'un enduit pultacé de forme confluente. — *Potion avec chlorate de potasse* 4 grammes.

Le 1er juillet. — La malade a fait usage de sa potion, mais elle accuse des douleurs qu'elle endure dans la bouche — l'effet de ce médicament n'était pas du reste encore bien notable, on suspend le chlorate, on le remplace par un collutoire avec miel 10 grammes, borax dix grammes et le soir même tout le muguet qui couvrait les joues, la langue a diminué de moitié. — Notons la forme particulière de ce muguet sur la langue. — Toutes les papilles dites fongiformes sont doublées de volume et le sommet de leur ophère est recouvert d'une couche pultacée qui les dessine en relief. — Cependant cette amélioration rapide opérée par le collutoire a été, sans doute, bien facilitée par l'action mécanique de la mastication. La malade ayant mangé ce matin une portion.

Le 2 juillet. — L'amélioration si rapide de la veille n'a pas été continuée ; peut-être est-ce à cause de la précaution prise par la malade de ne prendre ses aliments solides qu'après les avoir réduits en bouillie, afin d'éviter l'intervention de l'élément mécanique.

Le 3. — On confie au chlorate de potasse à la dose de 4 grammes en potion le soin de faire disparaître les dernières traces de muguet que le borax a respecté depuis deux jours. — On surveille l'emploi du médicament et après chaque gorgée la malade se plaint jusqu'aux larmes, de la cuisson ardente que détermine la solution en passant sur la muqueuse enflammée.

MÉMOIRE AUX CONTRE INDICATIONS.

Du 4 juillet. — On dissimule le chlorate de potasse dans les aliments, la malade n'accuse pas de douleurs nouvelles, la stomatite papillaire est toujours intense, toujours quelques points de muguet devenus rares cependant. L'état général est très-bon, les digestions intactes, la circulation est un peu ralentie, le pouls est à 65, nous ne pensons pas qu'il faille accuser de ce ralentissement les propriétés sédatives de notre sel. Le mieux étant aussi notable sur les autres fonctions que dans l'appareil circulatoire.

Le 5. — Encore cinq ou six pointes de muguet qui résistent à l'action du chlorate de potasse, la salivation a complétement disparu, la malade demande à sortir. — L'état de la bouche frait craindre, à bon droit, une récidive.

Les diverses sécrétions lacrymales, nasales bronchiques, n'ont pas été modifiées, en plus ou en moins, l'urine seule a décelé la présence du sel pendant toute la durée de son emploi. — *Exeat.*

« En somme le chlorate de potasse n'a pu en trois jours « faire disparaître les restes d'un muguet que le borax avait « diminué de moitié en 24 heures, peut-être faut-il pour être « juste accorder que la première moitié de la guérison était « de beaucoup la plus facile, attendu qu'une grande quantité « des produits pultacés était peu adhérente aux papilles, au « début du traitement.

« Quoiqu'il en soit, la douleur accusée par la malade est « un grand reproche que nous aurons souvent l'occasion d'a- « dresser à notre médicament.

CLINIQUE MÉDICALE DE LA FACULTÉ

Hôpital de la Charité.

Service de M. le professeur BOUILLAUD.

Salle Saint Jean-de-Dieu, n° 3.

N° 3.

Le nommé Gratiac, Nicolas, âgé de 19 ans, journalier, demeurant à Paris, rue du Faubourg St-Martin, n°, 254, né à Chantenet (Luxembourg, Belgique). Malade depuis le 6 janvier 1857.

Entré le 12 mars 1857.

Mort le 14 juin 1857.

Diagnostic. — Phthisie à la 3e période. — Cachexie profonde. — *Muguet.* — Alternative d'amélioration réelle et de recrudescence. Succès très-incomplet du chlorate de potasse.

Antécédents de famille. — Sa mère morte il y a un an, à 58 ans, des suites d'une tumeur blanche de l'épaule.

Antécédents personnels. — Jamais d'hémoptysie.

Décembre 1856. — Fièvre typhoïde.

Elle dure six semaines compliquée de bronchite extrêmement intense, surdité consécutive, aujourd'hui sensible encore.

Etat cachétique très-marqué.

Dès ce moment il a toussé sans relâche.

Fin de janvier 1857. — Début de la maladie principale.

Marasme, diarrhée habituelle, sueurs abondantes, nocturnes, fièvre hectique tous les soirs.

12 mars 1857. — Etat actuel. Amaigrissement profond, anomie, signes rationnels et physique de phthisie, crachats pathognomoniques, du ramolissement des tubercules. Inspirations.

28. — Cœur petit, bat normalement, température moyenne de la journée 30°, pouls 80. Digestion. Dyspapsie complète. Diarrhée, sueurs nocturnes abondantes. Urine acide, devenant rapidement alcaline. Oscillant entre 3/4 de litre et 1/2 litre suivant les sueurs et l'abondance des boissons.

Mai 1857. — Début du muguet.

Les lèvres, les joues sont à peu près libres de tout muguet, mais elles sont rouges.

Gencives ulcérées au niveau de la sertissure, près des incisives supérieures surtout.

Langue couverte d'un enduit blanchâtre assez épais, confluent, offrant toutefois quelques traces de coloration rose normale.

Isthme du gosier, seulement quelques traces de muguet, salive acide, peu abondante, presque normale.

11 mai. — Julep gommeux, avec chlorate de potasse 3 grammes.

12 mai. — Julep gommeux une portion.

La muqueuse est détergée sur quelques points.

La portion de muqueuse saine, entourant les plaques du muguet, sont plus larges et plus nombreuses.

Salive. Pas de modification dans l'abondance ni dans la réaction.

Expectoration, même nature de tubercule ramolli, même abondance, même difficulté d'expulsion des crachats.

Le besoin de tousser est aussi impérieux et aussi fréquent.

Les douleurs épigastriques consécutives et la toux aussi vive.

Respiration assez fréquente.

Circulation entre 90 et 110 du matin au soir chaleur 39°.

Sécrétion nasale, pas de modification.

Idem. Urine, traces évidentes du médicament, pas de douleurs rénales ni vésicales, un litre en 24 heures.

Sueurs idem, toujours dippepsie,

Diarrhée à peu près la même pour être un peu moindre.

13 mai. — Bouche, amélioration plus évidente, gorge, mais le larynx est un peu douloureux il ressent en ce point un peu de cuisson depuis l'usage du julep au chlorate, dyophagie.

14 et 15 mai. — Amélioration mais bien lente.

16 mai. — Bouche même état. Urine un litre 1/4, a bu bien plus que ces jours derniers, crachats seulement muqueux.

Le chlorate ainsi que le julep supprimés sont rendus au bout de deux jours.

Le malade accuse le médicament de produire d'assez vives coliques, l'état assez satisfaisant de la bouche permet de le supprimer ou mieux d'en abandonner l'usage au gré du malade, epistaxis.

18 mai. — « La faim du malade semble augmenter, mais « nous le verrons la veille de sa mort demander encore une

« portion de plus. Cette sollicitation du malade ne prouve pas « nettement en faveur des propriétés apéritive et antidys- « peptique du médicament. »

Auscultation. Toujours des râles humides et caverneux.

Le muguet qui semblait endormi s'éveille et devient plus confluent.

20 mai. — Vésicatoire. Urine assez abondante un litre 1/2 Exacerbation des symptômes pulmonaires.

21. — Mieux. Fièvre moins vive.

Le muguet est bien amélioré, à peine voit-on 30 points blancs sur toute l'étendue de la bouche.

22. — Même état.

22 au 26 mai. — Le muguet reste stationnaire dans un état voisin de la guérison mais sans disparaître complétement. Du reste les troubles respiratoires digestifs et circulatoires sont invariables.

Du 26 mai au 6 juin. — Le muguet d'abord stationnaire pendant 24 heures apparaît avec une nouvelle intensité. — Etat général très-bon, salive toujours acide. La toux n'a pas varié en intensité non plus que par sa fréquence. Urine, un litre et plus, la quantité n'a pas bien diminuée, suppression du chlorate.

6 juin. — Le muguet a envahi de nouveau toute la bouche. Reprise du chlorate en gargarisme 8 gr.

Du 6 au 13. — Le gargarisme ne diminue pas sensiblement le muguet.

13. — La face inférieure de la langue demeure seule couverte de muguet.

Respiration, 28, pouls 120, calorifications 40, toux sèche. Expectoration à peu près aussi abondante que durant l'emploi du chlorate potassique à l'intérieur; système nerveux. Prostration extrême. Insomnie.

14. — Mort par asphyxie.

Autopsie. — Tubercules extrêmement nombreux dans toute l'étendue des poumons. Excavations tuberculeuses surtout à droite, quelques adhérences pleurétiques des deux côtés. Les reins sont à peu près normaux peut-être un peu conjectionnés çà et là. Vessie normale, pas d'ulcération aux intestins ni de muguet appréciable. Sang assez fluide, caillots très-petits et peu consistant dans le cœur.

Le muguet est et demeure circonscrit à la muqueuse buccale.

« Au résumé le chlorate de potasse n'a pas eu ici beau- « coup d'influence dans l'évolution de la phthisie et du mu- « guet, souvent améliorée. »

Les productions crémeuses revenaient avec une intensité nouvelle.

L'amélioration de la bouche semblait bien plutôt dépendre de l'amélioration de l'état général que de l'efficacité du traitement.

L'abattement du malade est souvent devenu extrême; faut-il attribuer ce résultat au sel modificateur et juger qu'il a agi comme hypothénisant.

On est aussi tenté de croire à une action altérante quand on voit la production d'une hémorrhagie nasale due peut-être à la diminution artificielle de la plasticité du sang.

Mais il est permis de croire que tous ces faits ont bien pu se développer d'eux-mêmes en vertu de l'état cachétique où le malade était plongé.

Quelques phthisiques couchés auprès de lui ont présenté des accidents analogues et cependant ils n'étaient pas soumis au chlorate de potasse.

Pris à l'intérieur ou en gargarisme le sel a paru avoir un effet à peu près analogue et la modification de la muqueuse buccale semble avoir été à peu près obscure dans les deux méthodes.

Dans la période d'amélioration du muguet il était permis de croire à l'efficacité du sel et cependant l'acidité de la salive persistait malgré les idées contraires qui ont cours aujourd'hui.

CLINIQUE MÉDICALE DE LA FACULTÉ

Hôpital de la Charité.

Service de M. le professeur BOUILLAUD,

Salle Sainte Madeleine, n° 19.

N° 4.

La nommée Biossat Jérome Marie, âgée de 48 ans, profession : cardeuse de matelas, demeurant faubourg Saint-Martin, n° 199, née à Megere, savoir :

Entrée le 29 mai 1857.

Morte le 26 juin 1857.

Diagnostic. — Phthisie à la dernière période. — Muguet confluent extrêmement tenace sans amélioration réelle, même momentanée, surtout dans le sillon gengivo buccale ; la raison de ce fait tirée de la prostration de la malade qui lui rend l'effort du gargarisme impossible, d'où l'exclusion dans ces cas graves de toute médication dont l'emploi serait confié à la malade seule, d'où la nécessité d'un moyen topique (collutoire) appliqué par la main même des médecins. — Exclusion du chlorate de potasse par ce qu'il a déterminé de l'irritation douloureuse inutilement.

Antécédents de famille. — L'hérédité nettement établie. Sa mère est morte à 74 ans, avec des symptômes d'hémopthisie fréquente et de toux continuelle, mais sa mère a vécu à la campagne. Enfants quatre, deux morts, l'un à 13 l'autre à 14 mois, maladie ignorée. Deux vivants bonne santé.

Antécédents personnels. — Gourme à 5 ans, engelures à 14 ans, apparition d'un goitre, (née en Savoie). Uterus, réglée seulement à 19 ans, bien réglée toute sa vie, troublée à une époque qu'elle ne peut préciser, mariée à 24 ans, quatre grossesses bien bonnes, pas de signe de phthisie après chacune d'elles.

Début de la phthisie. — Mai 1856. — Toux dont elle accuse la poussière des matelas qu'elle cardait, hémopthisie, sueurs nocturnes, diarrhée, amaigrissement, dyspepsie amenorrhée.

Etat actuel. — 29 mai. — Tous les signes des antécédents se constatent de plus en plus, maigreur extrême, pommettes injectées, prostration, somnolence, toux fréquente, expectoration spécifique, purée tuberculeuse, râle et souffle caverneur à droite. Traitement palliatif.

9 juin. — Début du muguet, siége, langue, joues, gencives, piliers, plaques blanches de muguet confluent.

11 juin. — Gorge envahie, les points du muguet jusqu'ici isolés deviennent confluents, salive très acide. Traitement, chlorate de potasse en gargarisme, 4 grammes.

12 juin. — Pas de modification appréciable, salive toujours acide, mais pas notablement augmentée, l'expectoration est la même, en quantité, en nature, le mécanisme de l'expectoration n'a pas semblé plus pénible, mêmes râles, elle se plaint d'une cuisson à la gorge qu'elle n'éprouvait pas hier, sa voix est plus voilée, elle dit qu'elle éprouve plus souvent le besoin de tousser.

13 juin. — Quelques points, avant, couverts de muguet, sont nettoyés, surtout sur la face dorsale de la langue et sur la face inférieure du voile du palais. Au contraire, sur les lèvres, les joues, les gencives, la couche pultacée toujours très épaisse.

14 juin. — Etat confluent rétabli sur les points où il y avait amélioration, (il paraît du reste, après ce fait constaté, qu'elle a manqué de son gargarisme hier).

17 juin. — Toujours très-grande intensité du muguet surtout dans le sillon gengivo buccal.

19 juin. — Amélioration complète de la langue mais elle est rouge, tuméfiée et très-douloureuse.

Etat général. — Devient de plus en plus grave, elle répond difficilement aux questions qui lui sont adressées, quand sa pensée s'éveille sa parole reste difficile, elle avale avec peine même quelques gorgées de liquide, nous prenons quelques précautions pour que la solution pénètre dans les sillons.

20 juin. — Pendant que notre attention était attirée du côté du pli gengivo-buccal, les joues et les commissures présentent de nouveaux points de muguet.

24 juin. — Muguet évidemment mieux, mais pas de guérison absolue, salivation notable.

25 juin. — Nouvelles couches sur plusieurs points de la bouche. — Etat général très-grave.

26 juin. — Mort.

Autopsie. — Bouche. — Concrétions pultacées encore nombreuses, elles ont changé de teinte, le pharynx en offre quelques traces. Le larynx, quelques points recouverts de la fausse membrane au niveau de l'épiglotte, rien dans les bronches.

Œsophage. — Rien de notable qui ressemble franchement à du muguet. Estomac rien. — Intestins pas de muguet, cœur, très-petits caillots, très-peu fébrineux, sang généralement diffluent, peu coagulable, rien de notable d'ailleurs.

Réflexions. — Il résulte de ces observations que le chlorate de potasse peut modifier la muqueuse buccale, mais que le médicament est loin d'être un spécifique, qu'il est d'ailleurs d'un emploi désagréable en ce qu'il peut irriter les points qu'il touche et substituer à un signe physique, la concrétion pseudo-membraneuse, un symptôme rationnel, plus désagréable peut-être dans cette période désespérée de la maladie principale, à savoir : les douleurs par suite, la disphagie qui existait avant l'emploi du médicament, et qui dépendait de l'élément pseudo-membraneux, existe à un plus haut degré après lui parce que la fausse membrane a disparu incomplètement et parce qu'elle s'est adjoint un complément de douleur.

CLINIQUE MÉDICALE DE LA FACULTÉ

Hôtel-Dieu.

Service de M. le professeur TROUSSEAU.

Salle Saint Bernard, n° 32.

N° 5.

Phthisie de la troisième période. — Carcinome utérin. — Deux causes de cachexie profonde. — Muguet : guérison. — Enrouement causé par le chlorate. — Récidive. — Leucorrhée, id. — Insuccès du chlorate de potasse.

La nommée Sarghat, Antoinette, âgée de 37 ans, sans profession, femme Rossignol, demeurant à Paris, passage Vaucanson, n° 17, 8e arrondissement, née à Chelot (Cantal), malade depuis les premiers jours de juin 1856. Entrée le 24 février 1857.

Au milieu des particularités qu'elle signale dans sa famille, il faut noter qu'elle eut trois frères et trois sœurs, et qu'elle est née la sixième au commencement de la vieillesse de ses père et mère.

Pour elle-même elle fait remonter les premières causes de son état actuel à ses trois premières grossesses qui furent très-pénibles, à une fausse couche qui les suivit et surtout à un deuxième mariage contracté en juin dernier 1856. Depuis ce moment les privations, fatigues et chagrins accélèrent chez elle le début et l'évolution des premiers symptômes de la phthisie et des accidents utérins.

24 février 1857. — A son entrée elle offre à un plus haut degré tous les signes de ces deux maladies dont elle spécifie les débuts dans ses antécédents. Visage amaigri comme le reste du corps. Toux fréquente. Crachats de nature spécifique. Signes à l'auscultation et à la percussion de cavernes aux deux sommets. La nuit sueurs copieuses et localisées. Diarrhée.

Du côté de l'utérus : douleurs actuelles plus vives que celles d'autrefois, retentissement dans les lombes, la vessie le périnée. Écoulement extrêmement abondant par le vagin composé de sanie sanguinolente. Au toucher, ulcérations aux commissures et aux deux lèvres du col de l'utérus du vagin, des grandes lèvres. Ces signes sont aujourd'hui moins intenses qu'à une autre période du mal. Ils sont sujets à des alternations de recrudescence et d'amandement après toutes les tentatives pour soutenir les forces.

Le 3 juin 1857. — Début du muguet avec ses symptômes déjà si souvent relatés, acidité de la salive et des mucosités buccales. Plaques blanchâtres sur la langue et surtout sur la lèvre inférieure, salivation très-abondante à pleine bouche. Dysphagie.

Le 4 juin. — Ces symptômes augmentent, on donne une potion avec du chlorate de potasse, 4 grains; et en outre, craie, sans nitrate de bismuth, chaque 4 gr. opium 0,10. Eau de seltz, orge deux pots.

Le 6. — La dysphagie est moindre. Salivation diminuée de moitié. Les plaques de muguet de confluentes sont devenues clairs semées et isolées. — Le 8. La diarrhée n'a pas diminuée. L'urine n'est pas notamment plus abondante elle offre la réaction spécifique.

Le 9. — L'ulcération cancéreuse paraît toujours la même et l'écoulement vaginal n'a pas varié comme fétidité, ni comme quantité.

Le 10. — Il reste à peine quelques traces de muguet dans les sillons où la portion se met difficilement en contact avec la muqueuse.

Le pouls demeure toujours à 70 en moyenne. Les cavernes pulmonaires ne se vident guère, les râles sont très-abondants, le dévoiement continue, la prostration est extrême.

Le 11. — Le muguet a disparu la réaction acide subsiste toujours; même état du col de l'utérus et de l'écoulement vaginal.

Suppression du chlorate de potasse, question du muguet en 7 jours.

Or, nous avons suivi bien des malades soumis au borax et guéris par ce moyen en 4 et 5 jours, mais dans les deux cas les récidives survenaient.

Cette loi des reproductions du muguet après guérison, trouve encore ici sa confirmation, 3 jours après cette guérison momentanée on voit encore des points de muguet sous la langue et dans le sillon gengivo buccal. Nous n'avons pas poursuivi ces alternatives que nos autres observations nous présentent aussi en foule.

CLINIQUE MÉDICALE DE LA FACULTÉ.

Hôtel-Dieu.

Service de M. le professeur TROUSSEAU.

Salle Saint Bernard, n° 22.

N° 6.

Phthisie. — Muguet. — Névralgie intercostale leucorrhée. — Amélioration le soir, recrudescence le matin. — Rien contre la névralgie ni contre l'écoulement.

La nommée Caron, Louise, 30 ans, fleuriste, demeurant à Paris, rue de Vendôme, n° 7, 6e arrondissement, née à Belleville.

Les antécédents de famille ou personnels à cette malade ne diffèrent pas de la plupart de ceux déjà relatés. Signalons toutefois qu'elle est accouchée le 20 mars dernier et qu'elle fait remonter les débuts de la phthisie au 15 juin suivant. Le muguet a commencé le 27 juin par de la douleur. — Le 28 elle présente l'état suivant : toute la face dorsale de la langue et la lèvre inférieure sont couvertes de muguet, mais les grains pultacés affectent la forme discrète, le reste de la bouche est un peu rouge et tuméfié, la salive est acide, elle rempli la moitié du crachoir, l'appétit est nul, l'estomac douloureux, coliques. Diarrhée. Respirations, 26 par minutes, râles sans crépitants, crachats spécifiques, signes d'altération des deux sommets, surtout à gauche. Pouls 75. Urine beaucoup aménorrhée depuis les couches. Leucorrhé. Sueurs. Faiblesse musculaire. Point douloureux intercostal. — Orge 2 pots.

Potion avec chlorate de potasse, 4 grains.

29 au soir. — Le muguet a déjà diminué de moitié. — 30. A son réveil la langue de la malade offre une recrudescence très-notable du muguet qui paraît à son maximum. Pendant le temps du sommeil, ce qui a été détruit le soir apparaît de nouveau. — 31. Même manége : hier au soir la langue n'offrait plus que quelques points çà et là. Le matin la lèvre et les bords de la langue sont couverts. — 1er août. La dose est portée à 8 grammes. On voit seulement quelques points qui persistent. Elle se plaint des cuissons qu'elle ressent quand elle avale, elle se borne donc par crainte, à se gargariser. L'état

général n'a pas été impressionné. L'écoulement vaginal est tout aussi abondant. Les coliques augmentent. La diarrhée est la même. Cœur, 84 pulsations le soir, 70 le matin. Salive très-peu.

Nous ne suivons pas plus loin cette malade qui nous a semblée un nouveau cas évident d'insuccès pour le muguet de toute évidence. En effet, on est obligé de supprimer le chlorate de potasse le 3 août, parce que jusqu'à ce jour l'état de la bouche revient toujours au point de départ. Il faut avouer du reste que les cautérisations avec le sulfate de zinc qui lui ont été substituées n'ont pas produit un plus heureux effet.

CLINIQUE MÉDICALE DE LA FACULTÉ.

Hôpital de la Charité.

Service de M. le professeur PIORRY.

Salle Sainte Anne, n° 7.

N° 7.

Phthisie. — Muguet. — Guérison momentanée et incomplète ; aucune action de la phthisie leucorrhée. — Le sel employé avant le muguet ne l'a pas prévenu. — Douleurs intercostales non modifiées.

La nommée Riblet, Florentine-Honorine, âgée de 42 ans, profession blanchisseuse, demeurant rue Guérin-Boisseau, n° 25, née à Paris, le 13 octobre 1815, malade depuis le mois de novembre 1856, entrée le 12 mai 1857, morte le 15.

Antécédents de famille. — Rien qui mérite une mention ; a eu des gourmes dans son enfance, mais aucun des autres symptômes des lésions de la scrofule. — Réglée à 16 ans ; grossesse à 16 ans et demie, accouchement à 17 ans et demie, enfant a vécu jusqu'à onze ans, mort de méningite. — Pas d'hémoptysies à partir de cette grossesse, pas d'indisposition jusqu'en 1848. Août 1849, elle est prise du choléra 13 jours de maladie, convalescence assez longue. — 5 mois après fièvre typhoïde, durée 1 mois, chute des cheveux consécutive. Elle se fait raser, névralgie rhumatismale de tout le cuir chevelu, — durée 22 mois, sans intervalles, pas de sommeil, pas de possibilité de manger digérer, marasme, refroidissement très-nombreux à cause de sa profession.

Début. — Novembre 1856. — Toux, sueurs nocturnes, hémoptysies. Diarrhée pendant deux mois, marasme.

Etat actuel. — 12 mai 1857. — Toux, vomissement pendant la toux, frictions, inappetence, fièvre la nuit, pouls 70, respirations 26, ongues adunci. Pommettes rouges variqueuses saillantes, chaleur 38, caverne à droite, à peine quelques craquements à gauche, expectoration muqueuse et tuberculeuse, la moitié d'un crachoir en 12 heures, urine assez abondante, 5 fois la nuit, sueurs très-abondantes, règles absentes depuis 4 mois, fleurs blanches. Du 12 au 17, crachats, mucosités abondantes, encore diarrhée, quoique moindre qu'il y a deux jours, coliques, bouche normale, pas d'amélioration appréciable, expectoration toujours très-abondante. Diarrhée la même, sueurs profuses. Elle se plaint depuis son entrée de douleurs intercostales que les topiques calmants modifient à peine. Eau albumineuse, inspirations de vapeur d'iode, julep iodure de potassium, 2 grammes, thériaque 4 grammes, 1 portion. — 17. Même état, julep chlorate de potasse, 3 grammes. — 18. Diarrhée un peu moindre, sueurs toujours très-abondantes, expectoration la moitié du crachoir, règles absentes, coliques moindres, bouche nette, toux moins fréquente et moins douloureuse, circulation 70, respiration 24, douleur du côté droit. — 19. Idem, même point de côté. — 20. Pas de changement dans les crachats, même sérosité transparente, pas d'eau à la bouche, au contraire le médicament d'une sécheresse désagréable. Toux pas plus fréquente, douleurs d'estomac, colique, diarrhée, soif très-vive. Elle prend du tabac, elle ne se mouche pas tant qu'avant, chaleur toujours la même chose 38, sueurs très-abondantes, pouls 90, dyspnée plus grande 28, pas d'agitation, urine normale, elle la rend pendant les selles ou ne peut en préciser par suite la quantité. Elle est acide et urique, cours de diarrhée un peu bilieuse. — 22. Pas de changement, pas de faim. Elle se plaint de douleurs d'estomac, urine pas d'albumine, mais on y constate le chlorate. — 23. Toujours diarrhée toujours appétit nul, soif, très-vive respiration, rend même abondance de crachats, toux quinteuse, oppression râles humides, règles absentes, leucorrhée comme au début, pouls 80, respiration 24, urine moins chargée de mucus qu'avant le chlorate, réaction très-évidemment acide sel présent. Bouche accuse depuis longtemps de la stomatite ulcéreuse, elle est un peu mieux mais pas bien sensiblement. — 24. Même état diarrhée moindre, coliques vives, appétit nul, respiration salivation assez abondante, expectoration tuberculeuse, pouls idem, urines acides pas d'albumine, pas de réduction, par le liquide de Bareswill, abondance médiocre. — 25 mai. Respiration, auscultation, on entend des râles très-humides au sommet gauche cependant à droite souffle caverneux marqué, mêlé de quelques râles humides caverneux. — Le 27, le reste id. la diarrhée reprend. — Le 30. Etat de faiblesse extrême, sueurs abondantes, toux fréquente, crachats idem, circulation idem, faim éveillée, diarrhée très-abondante, coliques extrêmement vives, forces musculaires nulles, pas de règle, leucorrhée idem. — 2 juin. Dypepsie, marasme, diarrhée moins intense, bouche idem, salivation idem, langue toute dépouillée sur sa moitié; se plaint d'angine, respiration, dyspnée, auscultation les tubercules marchent avec rapidité, râles humides dans les points ou craquement il y a quelques jours, crache beaucoup, tousse autant, circulation, fièvre, surtout le soir, toutefois elle dort peu. — 5 juin. Muguet sur les lèvres, les joues, la langue, salive acide, expectoration tuberculeuse, hier presque les deux tiers de son crachoir, toux assez fréquente, prostration extrême, étouffements syncopes trois fois dans la journée d'hier, rougeurs et pâleurs subites du visage, pouls 78, urine peu abondante, pas de règles. — 5 à 7. Même état, plus prostration extrême. — 8. Toujours du muguet, pas de modifications, respiration 30, pouls 100. — 9. Le muguet est un peu amélioré, prostration extrême. — 12. A peine quelques points de muguet, plus de diarrhée, suppression de chlorate de potasse. — 14. Retour du muguet, reprise du chlorate de potasse, 15. Mort.

La salivation de cette phthisique, la fièvre, l'expectoration muqueuse et tuberculeuse la dyspnée, les douleurs diverses, et surtout les points intercostaux, l'évolution tuberculeuse ne paraissent pas avoir été modifiés, le muguet n'a pas été prévenu, il n'a pas été guéri complètement et dès que le chlorate a été suspendu pendant deux jours, les productions pultacées sont revenues.

CLINIQUE MÉDICALE DE LA FACULTÉ.

Hôpital de la Charité.

Service de M. le professeur PIORRY.

Salle Sainte Anne, n° 2.

N° 8.

Phthisie, — caverne au sommet gauche, crachats nummulaires très-abondants. — Diarrhée, sueurs colliquatives; — pas d'appétit, — urine peu abondante. Leucorrhée, muguet, complication de hydro-pneumo-Thorax. — Insuccès.

La nommée Compagniet, Aglaée, âgée de 27 ans, profession, couturière, demeurant rue des Blancs-Manteaux, 22, 7e arrondissement, née à Neuville-champ d'Oisiel (Seine-Inférieure), malade depuis le mois d'avril 1856. Entrée le 17 mars 1857.

Antécédents de famille. — Père et mère morts, le premier, d'une tumeur blanche, la deuxième, des suites de ce que la malade appelle une maladie d'ennui. Sa grand'mère maternelle vit encore, elle a 97 ans; ni frères ni sœurs. — *Personnels,* réglée à 15 ans, mal réglée, pas de maladie antérieure. Cause de la maladie principale, peines, privations, accouchement, couches mauvaises, enfant né mort.

Avril 1856. — *Début.* Sans maladie déterminante appréciable; pas de pleurésie ni de pneumonie. — Commencement, par des courbatures, fièvre nocturne, prostration générale, toux fréquente, quinteuse. Dyspnée, hemoptysie. Sueurs abondantes nocturnes, amaigrissement pendant longtemps; elle reste sans diarrhée. Celle-ci a commencé il y a trois semaines, points de côté. Aménorrhée absolue depuis un an, c'est-à-dire depuis les premiers jours de la maladie.

Etat actuel. — Ongues aidunci. — Crachats très-abondants, purulents, nageant dans une espèce de gomme. Tous les signes des antécédents, de plus, râles crépitants et craquements humides en avant comme en arrière. Digestion. Diarrhée rebelle, offre des intervalles de mieux et d'exacerbation sous l'influence du laudanum. Coliques sourdes, pas d'appétit. Circulation, pouls 70, pas de chaleur à la peau bien vive, 36. Plus de fièvre la nuit. Respiration lente et dyspneique, 30. Sécrétion, sueurs nocturnes très-abondantes, urine abondante. Réaction acide, salivation très-médiocre, bouche pâteuse, expectoration très-abondante, surtout la nuit. Emplit son crachoir toutes les vingt-quatre heures. Du jour de l'entrée au 10 mai, pas de stomatite. Traitement palliatif ordinaire de la phthisie.

Etat au 10 mai 1857. — Début de l'affection principale. Bouche, langue, rougeur très-vive, presque scarlatineuse. Etat général mauvais, il semble que les saillies papillaires aient disparu. Dos couvert çà et là de quelques petites plaques blanches de muguet, qu'on retrouve encore sur les piliers du voile du palais. Dysphagie buccale. Les aliments durs déchirent la muqueuse et éveillent une vive douleur. Pas d'adenite à ce moment, les signes divers offerts par les appareils n'ont pas changé. — Gargarisme au borax, le muguet du voile est un peu amélioré, la rougeur subsiste. — Le 13, affaiblissement extrême, sueurs très-abondantes, pas de diarrhée, toujours quelques coliques. Confluence du muguet buccal, ne mouche jamais, pas de muguet sur les autres muqueuses. Circulation, pouls, 65, chaleur, 8, respiration, 24. Sécrétions, sueurs très-abondantes, urines normales. — 14 mai. Diarrhée, coliques assez vives, n'en avait pas hier, rougeur de la bouche la même. Muguet disparu du pilier du voile, celui de la langue aussi abondant. Toux ni plus ni moins fréquente. Respiration, 24, pas augmentée ni diminuée. Circulation, 70, semble un peu plus active, température, 40, un peu augmentée, sécrétion, sueurs pas moindres. Elle transpire même le jour, salive toujours acide. La salivation a été très-épaisse, reste adhérente aux parois. Mucus nasal, ne coule pas plus abondamment, urines, mucosités, fleurs blanches, pas de modification. Yeux, pas de sécrétion lacrymale. — Du 15 au 18. Rien de bien notable, toutefois les crachats sont plus difficiles à expulser, les crachats purulents sont moins abondants; la partie séreuse en est plus abondante, c'est ce que le malade appelle les flammes, gorge très-sèche. Circulation, pouls 104. Température la même, respiration, 28, moins de râles caverneux, le souffle caverneux est plus clair et plus creux. Sueurs, n'ont pas varié. —22. Prostration extrême. Degout de la malade contre la potion. Dyspnée profonde, affaiblissement. — 23. Le muguet revient avec une intensité extrême. Assurément cette recrudescence, coïncidant avec la sensation du chlorate de potasse, ne prouve pas son effet énergique comme un moyen prophylactique, non plus que comme curatif. — 11 juin. Mort.

CLINIQUE CHIRURGICALE DE LA FACULTÉ.

Hôtel-Dieu.

Service de M. le professeur LAUGIER,

Intérim de M. le professeur RICHET.

Salle Sainte-Marthe, n° ...

N° 6.

Abcès par congestion de la région inguinale. — Cachexie. — *Muguet.* — Angine glanduleuse. — Chlorate de potasse, insuccès.

Le nommé Léonard, Jean-Louis, âgé de 41 ans, peintre en bâtiments, demeurant rue Notre-Dame-de-Nazareth, n° 39, à Paris. Entré le 25 mai 1857.

Ses antécédents de famille n'offrent rien qui se rattache à sa maladie principale. Pour lui-même, il a eu, dès son enfance, des abcès par congestion du côté droit, et il a été à plusieurs reprises opéré pour l'extraction de séquestres provenant des dernières côtes.

Début de l'abcès actuel. — Il y a deux mois, il s'aperçut pour la première fois de la tuméfaction de la région inguinale; quand l'abcès s'ouvrit, il s'en écoula une quantité abondante d'un pus mal lié. Cet écoulement était intarissable, et devint pour lui la cause d'un amaigrissement et d'une cachexie extrême.

Le 25 mai, il présente quelques signes d'infection putride: langue fuligineuse, diarrhée incoercible, adynamie profonde; alternative d'amélioration de cet état et de recrudescence.

2 juillet. — Il se plaint de picotements dans le pharynx, qui le force à hemmer à tous moments. Depuis longtemps, il se réveille chaque matin en rendant d'abondantes quantités de mucosités épaisses, provenant de l'arrière-gorge. Cet état dure encore et se justifie par l'examen du pharynx, qui présente des granulations extrêmement abondantes, occupant le voile du palais, la luette à sa base, et la paroi postérieure du pharynx.

C'est dans cet état de la muqueuse pharyngienne, que celle de la bouche est envahie par le muguet dans toute son étendue. La salive est acide, peu abondante. La production pultacée com[illegible] voile, les piliers, la langue, la lèvre inférieure et le [illegible] gengivo buccal. Potion au chlorate de potasse, 4 gr. — [illegible] de la salive, [illegible] sécrétion du mucus pharyngien aussi abondante. Diarrhée, n'a pas diminuée. — 4. Le palais, la langue sont nets, le muguet a diminué notablement. — 5. Toujours du muguet dans le sillon gengivo buccal et sur les bords de la langue. — [illegible] aigreur, hoquets, vomissements, la diarrhée n'a pas varié. [illegible] des points nombreux de muguet. La bouche est cependant [illegible] sèche, il en résulte même de la dysphagie. Ces divers appareils ne sont pas impressionnés, la circulation et la respiration sont dans le même état qu'avant l'emploi du chlorate. L'angine glanduleuse n'est pas améliorée, les mucosités purulentes sont aussi abondantes, les granulations [illegible] aussi développées.

Le 8, toujours du muguet [illegible] dans la bouche, l'urine est normale, on y constate la présence du sel. — 9. Toujours du muguet sur les commissures, sur la langue et surtout entre les [illegible] [illegible] léger [illegible] — 10. [illegible] toute la langue est recouverte de muguet. — Le [illegible] partielle, la langue est lisse et sèche sur sa face dorsale, mais sur ses bords, comme sur les gencives et les lèvres [illegible] muguet persiste. — [illegible] dans le sillon gengivo buccal [illegible] état général [illegible] urine, sécrétion, même [illegible] 10. Le muguet n'est pas [illegible] leuse n'est pas améliorée, même enrouement [illegible] [illegible] même [illegible] gutturale, suppression du chlorate [illegible]

Encore un exemple de muguet [illegible] premiers jours, puis demeurant stationnaire [illegible] jours en dépit du traitement.

CLINIQUE CHIRURGICALE DE LA FACULTÉ.

Hôtel-Dieu.

Service de M. le professeur LAUGIER,

Intérim de M. le docteur RICHET.

Salle Sainte Marthe, n° 15.

N° 10.

Abcès ossifluent du genou gauche, pneumonie intercurrente à droite. Muguet, insuccès, — Mort, autopsie.

Le nommé Deshayes Jean-Baptiste, âgé de 46 ans, garçon de salle demeurant passage Rivoli n° 12, 1er arrondissement, né à Liocourt, (Meurthe), malade depuis le 15 mai. Entré le 24 juin.

Cet homme a été toute sa vie exposé aux influences fâcheuses d'un régime insuffisant, et d'une exposition continuelle aux intempéries de l'air, aussi déclare-t-il avoir été malade jusqu'ici presque continuellement, pourtant il ne fait remonter son affection principale qu'à un délai d'un mois avant son entrée.

24 juin. — *Etat actuel.* — Marasme, fièvre hectique, genou très tuméfié offre les traces d'altération osseuse; tout autour trois fistules donnant issue à une très-grande quantité de pus.

30 juin. — Se plaint de la bouche, mais le muguet dont nous surveillons depuis longtemps le développement ne laisse encore aucune trace. Cependant nous constatons la réaction acide de la salive.

1er juillet. — Développement d'une pneumonie dyspnée, toux fréquente, expectoration difficile, rare, blanche, adhérente au vase, râle crépitant très marqué, fièvre, pouls 110, — respiration 30, agitation, insomnie. Julep avec kermès 10 centigr. — 2. Développement d'un muguet qui envahit toute la bouche, salivation encore peu abondante. — 3. Pas de modification dans l'état de la poitrine. — Augmentation du muguet. — Chlorate de potasse, 4 gram. dans une potion. L'état de la poitrine accuse une extension plus considérable de l'engouement pulmonaire. — 4. Muguet tout aussi étendu. Respiration aussi fréquente, expectoration toujours rare et difficile, pas de diarrhée. Pouls 100. — 5. La langue et les joues sont dépouillées de la plus grande partie de leur enduit pultacé, la lèvre seule a conservé en bas le même état confluent. La pneumonie suit ses progrès ordinaires. L'état du malade, très-grave, les urines ne sont pas très abondantes, leur quantité n'excède pas celle du premier jour du traitement. — 6. Prostration extrême, toux très fréquente, expectoration difficile, râle sons crépitants fins, respiration 30, pouls 116, (pas d'effets sédatifs). Insomnie, l'urine n'a pas varié depuis hier. — 8. Toux extrêmement fréquente, pouls 100. Le muguet existe toujours sur la lèvre inférieure qui est très chargée de muguet.

Le 9. — Même état de la lèvre inférieure. En examinant attentivement le malade, on constate que pendant qu'il boit, le liquide n'est pas mis en contact avec les lèvres qui demeurent appliquées sur la face antérieure des gencives et des dents. — Cette coïncidence entre l'absence du contact immédiat du médicament et la présence continuelle du muguet ferait croire qu'il faut faire une grande part à l'action topique pour diminuer d'autant la part de l'action interne du médicament, (mémoire à l'action comparative du médicament en gargarisme ou du même sel pris en potion). — Prostration extrême du malade. — Le 10, mort.

Autopsie. — On constate toutes les lésions anatomiques ordinaires des abcès développés autour des tumeurs blanches et de la pleuro pneumonie à la troisième période. — Rien du côté de l'appareil génito urinaire, l'enduit pultacé ne se remarque que sur la lèvre inférieure où il est d'ailleurs méconnaissable, le sang ne présente aucune modification anormale rien de notable d'ailleurs après la réaction de l'urine qui présente d'abondantes traces du sel.

La phlegmasie pulmonaire n'a pas été modifiée par l'emploi du chrorate et l'expectoration n'a paru ni augmenter, ni diminuer, la circulation n'a pas été calmée non plus que la dyspnée, pour ce qui est du muguet, sa marche a suivi l'évolution ordinaire : amendement en 2 jours puis état stationnaire jusqu'à la fin du traitement. — La persistance du muguet dans les points accessibles à l'action topique pourrait faire penser qu'elle aide beaucoup à l'action interne du médicament.

CLINIQUE CHIRURGICALE DE LA FACULTÉ.

Hopital de la Charité.

Service de M. le professeur VELPEAU.

Salle Sainte Vierge, n° 3.

N° 11.

Stomatite ulcéro membraneuse, — Carie dentaire, abcès sous maxillaires consécutifs, salivation abondante modifiée rapidement, — guérison en 14 jours. — Angine glanduleuse, contre cette dernière, insuccès.

Le nommé Quenard, Charles-Auguste âgé de 21 ans, profession domestique, demeurant quai Conti n° 11, 10e arrondissement né à Vaudremont (Haute-Marne) malade depuis le dimanche 26 avril. Entré le 28 avril 1857.

Antécédents de famille. — On est fort exposé dans sa famille aux maladies dentaires et aux inflamations consécutives de la bouche.

Personnels. — Il a offert, de tout temps, toutes les indispositions légères ou graves qui semblent l'attribut du tempérament lymphatique qui le possède à un dégré exagéré, toux habituelle et suivie d'expectoration gutturale jaunâtre dont l'origine est évidemment le pharynx. Il a depuis fort longtemps la sensation d'un picottement dans le pharynx qui se traduit en de fréquents hem. Fréquentes fluxions à la joue sans abcès jusqu'ici.

Début de la maladie. — Dans le courant de mars 1857. — Apparition d'une carrie circonscrite d'abord puis très-étendue de la deuxième grosse molaire inférieure, par suite développement d'un adenite et consécutivement d'un abcès. — La marche de l'engorgement phlegmoneux qui avait précédé l'abcès fut très-longue au point qu'il fut réformé pour cette cause.

Terminaison. — La suppuration devint néanmoins très-franche et il ne resta au bout de peu de temps, qu'un noyau d'induration. — Cependant une fistule demeure toujours, elle donne l'écoulement à quelques gouttes d'un pus mal lié.

23. Avril. — Exposition à un froid vif et longtemps prolongé faisant passer à l'état aigue la périostite alveolaire et la gengivite et réveillant par suite un phlegmon aigu nouveau.

24. Avril. — Etat actuel. Creux maxillaire et région paro-

tidiennement déformés, effacés par places [illegible] chaude et douloureuse.

Ganglions sous-maxillaires voisins et même du côté gauche légèrement douloureux, leur volume [illegible] à gauche, ils sont un peu plus gros à droite. [illegible] une masse de tissu cellulaire induré [illegible] masse unique.

Oreille droite [illegible] douloureuse, bourdonnements.

La bouche offre autour de la dent une gengivite intense [illegible] est couverte d'une couche assez épaisse de [illegible] cette couche est assez épaisse et de coloration gris blanchâtre; sur ses bords elle est mince et laisse voir l'épithélium détruit; si on exerce un frottement [illegible] sur cette couche de fausses membranes quelques [illegible] sont enlevées, mais il reste une épaisseur assez considérable pour montrer qu'elles sont adhérentes [illegible].

Quelques gouttes de pus [illegible] entre les gencives et le collet des cinq dernières dents de la mâchoire inférieure [illegible], sur le reste des gencives on voit un liseré blanc [illegible] par une bande mince de fausses membranes, on peut distinguer aisément cette couche grisâtre des quelques gouttes de pus qui sortent dans le même point à la pression et que [illegible] fait disparaître.

Le 29 Avril. — [illegible] l'ulcération des gencives et de la bouche [illegible] en bien ou en mal.

Le 1er Mai. — Incision de l'abcès, [illegible] quelques racines de dents [illegible] momentanée [illegible]

Le 2 mai. — Les fausses membranes [illegible] buccal droit présente [illegible] un épaississement notable [illegible] membraneuse du rebord gengival à droite et en bas [illegible]. De plus, la stomatite s'est étendue aux [illegible] voile du palais et aux amygdales, ils sont recouverts d'un enduit blanchâtre. Ce produit est moins [illegible] plus on ne constate [illegible]

Traitement. — Gargarisme [illegible] chlorate [illegible]

Le 3. — Les amygdales sont bien dégagées et déjà dépouillées de leur enduit pultacé, le reste de l'affection [illegible] d'amélioration sensible [illegible] deux portions [illegible]

Le 4. — Gencives [illegible] déjà plus [illegible] avec leur ulcération [illegible] membraneuse. [illegible] glanduleuse n'a pas changé, cependant nous avons soin de toucher à plusieurs reprises avec un pinceau imbibé du mélange toute la paroi postérieure du pharynx, le voile du palais et la luette.

Le 15. — Le malade accuse une salivation qu'il attribue à l'irritation que lui cause le gargarisme. Les fausses membranes ont disparu. — Il reste à leur place une surface très-superficiellement excoriée.

Le 16. — La salivation dont se plaignait le malade n'est plus sensible, c'est que, dit-il, le gargarisme ne lui cause plus les mêmes cuissons. — Du reste les surfaces légèrement ulcérées sont singulièrement modifiées. Cependant l'épythélium ne les recouvre pas encore. — L'ulcération couverte de fausses membranes du bord libre des gencives inférieures n'a pas encore disparu. — Les ganglions sous maxillaires n'ont pas diminué.

Le 17. — L'ulcération superficielle est effacée, les gencives conservent toujours une légère perte de substance, toujours un empâtement profond autour des ganglions toujours indurés eux-mêmes. Pas de modification de l'angine glanduleuse, le malade hemme constamment et rejette des mucosités évidemment nées du pharynx, suppression du chlorate de potasse.

Au résumé guérison de la stomatite ulcéro-membraneuse comme en deux temps, le premier exclusivement consacré à la disparition des fausses membranes, le deuxième à celle de l'ulcération, comme conséquence, on peut remarquer combien le chlorate de potasse, employé à titre de topique, a produit d'heureux effets si on compare son mode d'action par les potions. — Il ne semble pas ici du moins que la durée de la maladie ait été beaucoup plus longue. Faisons observer toutefois que le cas actuel était d'une bénignité remarquable et que la maladie eût guéri spontanément quoique dans un délai plus long peut-être. — Pour ce qui est de la cicatrisation du foyer de l'abcès, il nous semble qu'elle a été favorisée par notre sel. — La salivation qui s'est développée incidemment pendant vingt heures donne à penser que dans plusieurs cas il fallait considérer comme le résultat d'une irritation locale, ce qu'on a dû attribuer, à tort peut-être, à l'action spécifique du médicament sur les glandes salivaires. Nous ne nions pas cette dernière cause de salivation car elle est réelle, mais nous croyons que toutes deux s'ajoutent presque toujours l'une à l'autre, mais qu'il faut leur faire une part distincte. — Un médecin, M. Barrier, a obtenu, dit-il, quelques succès contre les engorgements ganglionnaires que développent les stomatites. Il attribue cette action à des lotions et à des frictions à sec opérées dans la cavité buccale et spécialement sur la face dorsale de la langue. Il pense qu'il faut expliquer la guérison qu'il obtient par l'absorption des vaisseaux lymphatiques transportant aux ganglions indurés les principes médicamenteux, comme ils leur ont transporté autrefois les agents inflammatoires. Nous avons tout naturellement fixé notre attention sur ce point, notre insuccès n'est pas douteux bien qu'on prête à notre sel des propriétés résolutives. — Si l'angine glanduleuse a résisté comme signes physiques et fonctionnels, accusons peut-être le mode d'emploi externe du médicament. Nous vérifierons par la suite l'efficacité comparative du même agent pris à l'intérieur.

CLINIQUE MÉDICALE DE LA FACULTÉ.

Hotel-Dieu.

Service de M. le professeur TROUSSEAU.

Salle Saint Bernard, n° 13.

N° 12

Phthisie à la 3e période, accouchement récent, 2 causes de cachexie profonde, car la malade nourrit elle-même. — *Stomatite ulcéro membraneuse*, névralgie dentaire, otalgie, hemicranie. — Insuccès complet du chlorate de potasse. — Emploi comparatif de ce sel et du borax en collutoire, de la ratanhia en gargarisme et des cautérisations par l'acide chlorhydrique. — Le chlorate n'est pas retrouvé dans le lait et la bouche de l'enfant n'en présente pas d'effets appréciables, Mort — Autopsie.

Conclusions à tirer de ce cas particulier : le chlorate de potasse ne guérit guère la stomatite ulcéro-membraneuse, au moins chez les adultes. Les astringents et les cautérisations ne lui sont pas préférables, il ne guérit pas une névralgie dentaire ni l'hémicranie consécutive.

La leucorrhée ne diminue pas, la lactation n'est pas modifiée en plus, en moins, ni dans sa réaction. — Si le lait contient de ce sel, il ne paraît pas au moins que la quantité en ait été suffisante pour modifier la stomatite qui se développerait chez l'enfant.

La nommée Arnaud Marie, âgée de 30 ans, profession lin-

lingère, demeurant ruelle Dupleix, 10e arrondissement, née à Ambes (Gironde), malade depuis douze ans. Entrée le 20 avril 1857.

Les antécédents de famille que détaille cette malade n'éclairent en rien sur l'état actuel. — *Ses antécédents* personnels ont plus de valeur, un impetigo confluent du cuir chevelu a signalé sa première enfance. — Plus tard, à 9 ans, rougeole qui n'éveilla pas encore la phthisie. Des vers lombrics en extrême abondance, pendant toute sa jeunesse, furent ensuite remarqués dans ses vomissements et dans les selles, elle en rendait par douzaines. Les symptômes qui les révèlent sont d'abord peu notables : picottement divers, besoin extrême de frotter son nez, plus tard coliques, vomissements, amaigrissement considérable.

Dans cet état elle est surprise par les débuts de la phthisie. Elle est occasionnée par le refroidissement obligé, son corps étant en sueurs comme premier phénomène, aménorrhée, c'était la première fois que les règles étaient troublées depuis ses 14 ans, époque de leur apparition.

A la fin de 1845 tous les symptômes habituels de la phthisie éclatent : dyspnée, toux quinteuse sèche d'abord, puis accompagnée de l'expectoration spécifique, troubles digestifs, circulatoires et autres ; pleurésies à répétition.

Mais ce fut surtout à chacune de ses grossesses que les accidents étaient excités par une exacerbation nouvelle. La première remonte à 1851, la deuxième à 1856 et la dernière est toute récente (mars 1857).

Le 20 avril suivant la phthisie s'exaspère, elle demande son admission. Entrée dans le service de M. le professeur Trousseau.

Etat actuel. — Pâleur avec teinte jaune verdâtre. — Maigreur extrême. — Yeux noirs avec cils démesurément longs. — Ongles légèrement recourbés de la racine au bord libre. — Thorax décharné, les creux sus et sous claviculaire, sus et sous épineux sont profondément dessinés. — Les crachats sont muqueux en petite abondance, ils n'offrent pas l'appareil spécifique des solutions de gomme où nagent les rondelles purulentes nummulaires (nous notons cette lacune, car nous manquons une occasion d'étudier les effets du chlorate de potasse contre le flux bronchique).

Examen des poumons. — La main perçoit le frémissement de la voix. A la percussion, la différence des sommets et de la base comme résonnance n'est pas extrêmement marquée. Pas de râles, sous crépitants, mais plutôt bruits secs, sonores et sibilants. Les signes propres aux cavernes ne sont pas évidents.

Diarrhée incessante colorée en vert, coliques.

Examen de la bouche. — 15 jours avant son dernier accouchement elle avait ressenti de la dysphagie légère. Les gencives sont rouges, bleuâtres, tuméfiées, couvertes d'un enduit blanchâtre que le doigt enlève aisément. Leur bord libre offre une ulcération légère. La perte de substance est recouverte d'une exsudation plus épaisse et plus adhérente. A la pression quelques gouttes de pus teintes de sang, viennent sourdre au sommet des mamelons gengivaux comblant l'interligne dentaire. — Les lèvres sont recouvertes d'une fausse membrane deux fois plus épaisse. Cette couche pseudo-membraneuse n'est pas uniforme, elle est répandue par plaques d'un ou deux centimètres de diamètre ; les unes sont saillantes, les autres déprimées. Le fond qui supporte la fausse membraue apparaît aux bords. C'est une surface ulcérée que l'on peut mettre à nu en saisissant la fausse membrane avec une pince. Celle-ci enlève plutôt des parcelles que l'enduit entier tout d'une pièce.

Les joues présentent une altération identique, mais plus étendue. Elle siége surtout au niveau de la couronne dentaire qui s'y dessine en dépressions blanchâtres.

Le sillon gengivo buccal est envahi lui-même dans une étendue de deux centimètres à gauche.

La langue sur ses bords offre comme un chapelet de petites ulcérations alternant avec des plaques couenneuses, le tout reproduit exactement la saillie et l'intervalle des dents.

Le sillon lingual est blanc et surtout en arrière où l'on voit des traces de pseudo-membranes.

Le reste est normal. L'haleine est très-fétide.

29 avril. — Potion avec chlorate de potasse, 8 grammes pour 125 grammes de véhicule, avec le conseil formel de se gargariser avec chaque gorgée de la potion avant d'avaler.

Les 30-31. — Les muqueuses non couvertes de fausses membranes, sont un peu moins turgides et violacées. Pas de réaction visible dans les quelques gouttes de lait que nous donne la malade. Cette réaction est au contraire évidente dans l'urine. — Les diverses régions de l'organisme ne sont pas sensiblement impressionnées en bien ou en mal, par le médicament, la leucorrhée est la même, la diarrhée aussi ; la malade accuse des cuissons désagréables dans la bouche et dans la gorge pendant et après l'usage de la potion.

1er et 2 mai. — *Amélioration* des points recouverts de fausses membranes, les joues, le bord de la langue et surtout les lèvres montrent une fausse membrane moins épaisse. A travers elles et comme par transparence on voit le fond rosé de l'ulcère. Les bords des fausses membranes ont déjà disparu dans l'étendu de 2 millimètres.

3 mai. — Les fausses membranes ont presque disparu sauf dans le sillon gengivo buccal. Les ulcérations qui se trouvaient dénudées hier n'ont pas fait de progrès vers la cicatrisation.

Le 4. — Toujours état stationnaire de tous les points ulcérés tandis que toutes les fausses membranes ont disparu. Cessation du médicament. Au moment où le traitement est suspendu on voit encore des points nombreux de la forme et de la dimension d'une lentille ou d'un simple trait linéaire privés de leur épithélium.

Le 5. — C'est précisément sur ces restes des ulcérations anciennes que semblent renaître des teintes grisâtres qui le 6 ont repris la forme et les qualités des premières fausses membranes.

Le 7. — On reprend le julep au chlorate de potasse à la dose de 6 grammes.

Le 8. — L'état de la bouche est le même. Les fausses membranes sont aussi épaisses et la malade se plaint bien énergiquement des cuissons que la potion lui fait naître. Elle se plaint même d'une douleur cruelle qui occupe toute la moitié de la face de la tête et des dents, que notre sel ne soulage pas, loin de l'avoir prévenue la leucorrhée reste aussi abondante et les réactifs usuels n'y constatent pas de chlorate de potasse. La bouche de l'enfant n'est pas moins rouge, violacée que les premiers jours qui ont suivi l'entrée. Cet enfant est d'ailleurs très-chétif et est atteint d'une diarrhée opiniâtre qui dure depuis 7 jours. Tous les organes semblent impassibles. La dyspnée est la même, la toux aussi quinteuse, la diarrhée autant incoercible. Aucune sécrétion ne semble surexcitée par notre médicament. Pas de flux bronchique, pas de salivation, celle qui déterminait en petite abondance la stomatite a été tarie, pas de mucus nasal, rien dans les larmes.

L'état général semble même plus voisin de la prostration. Est-ce là une pure coïncidence ? *Le chlorate est donc supprimé.*

9. — Examen comparatif après la supression. — Le pouls qui depuis le début du traitement était à 75 le matin et à 100 et 04 le soir en moyenne, n'a pas varié hier non plus qu'aujourd'hui, pas plus qu'il ne variait encore pendant le traitement par le chlorate. — La diarrhée est la même, les coliques sont moins vives de beaucoup. Tout ce qui a été observé le 7 s'observe encore aujourd'hui, au moins comme état général.

Le chlorate est remplacé par un collutoire avec le miel 10 gram. Borax 10 gram.

Les 10 et 11. — Pas de changement en plus ou en moins

dans l'état de la bouche, mais la cuisson des derniers jours a disparu.

Le 12. *État de la bouche.* — Langue, face inférieure offrant une plaque pseudo-membraneuse, qui n'existait pas hier ni avant-hier. — Gencives, la sertissure ulcérée toujours, mais pas de fausse membrane. — Les joues sont bien mieux. En somme, il y a du mieux. L'état de la langue à sa face inférieure vient de ce qu'il n'avait pas été soupçonné, d'où, pas d'application du collutoire.

On ajoute au collutoire, premièrement 1,50 d'acide lactique à cause des difficultés de digestion.—Deuxièmement, quelques d'extract de belladone sur la joue contre les douleurs vives.

13 mai. — Amélioration bien lente de la face inférieure de la langue. — La respiration a toujours été de 26 en moyenne aujourd'hui comme sous l'influence du chlorate de potasse.

14. — Stomatite plus vive qu'hier. L'aspect ulcéro-membraneuse se dessine encore à la pointe de la langue qui est partout d'un rouge vif. Lèvres envahies jusqu'au bord libre. Le sillon gengivo buccal offre le même état.

Gargarisme à le ratania. — Cautérisation de tous les points malades avec acide chlorhydrique.

Le 15. — Amélioration bien tranchée.

17. — Exacerbation.

19. — Langue couverte à sa pointe à sa face inférieure de plaques d'au moins 0,02 ; le sillon gengivo buccal est encore malade. — Cautérisation avec le nitrate d'argent. Gargariser avec eau de Labarraque.

21. — Un peu d'amélioration, mais nausées, vomissement. Diarrhée colliquative, épuisement extrême.

23. — Mort.

Autopsie après 24 heures.

Pas de fausses membranes sur les diverses muqueuses. Pas de lésions intestinales de forme ulcéreuse pouvant expliquer la diarrhée opiniâtre.

Le sang est noir, ne semble ni plus ni moins coagulé, ni différent que dans les autres morts par cachexie.

Poumons : tubercules. Toutes les périodes de leur évolution.

Le foie et les différents viscères n'offrent rien de notable qui se rattache à notre sujet ; ni sécheresse, ni abondance des liquides muqueux.

La bouche examinée avec soin ne donne aucun fait anatomique dont la constatation n'ait été faite pendant la vie.

Le pharynx présente toutes les particularités anatomiques signalées par les auteurs contemporains comme constituant l'angine glanduleuse saillie, granuleuse, arborisation, rougeur par plaques, épaississement de la muqueuse et des muquosités sont encore adhérentes à la paroi postérieure du pharynx. Ces faits montrent assez que si notre sel peut quelque chose contre cette lésion organique, au moins faut-il qu'il soit employé avec une plus longue insistance.

CLINIQUE CHIRURGICALE DE LA FACULTÉ.

Hopital de la Charité.

Service de M. le professeur VELPEAU.

Salle Sainte Catherine, n° 4.

N° 13.

Stomatite ulcéro membraneuse, — gengivite, — ulcérations des piliers et du rèpli gengivo buccal gauche. — Emploi d'un gargarisme aluminé au 100e, guérison de la stomatite en six jours.

La nommée Marchand, Françoise, âgée de 25 ans, couturière, rue de la Calandre n° 32, 9e arrondissement, née à Isle-sur-le-Doubs. (Doubs). Entrée le 12 juillet 1857.

Antécédents. — Très-sujette aux maux de gorge, qui lui durent 15 jours d'habitude et passent ensuite tout seuls.

18 juillet. — Début du mal de gorge actuel. Rougeur des gencives, elles sont couvertes d'un enduit pultacé. — Dysphagie. — Ulcération des 2 piliers du côté gauche. Enduit pseudo-membraneux à la surface des ulcérations. Salivation extrêmement abondante. — Le 19. Mêmes symptômes. Gargarisme : eau d'orge 125, alun 2 gr. miel rosat 30. — Le 20. Amélioration légère des points ulcérés. — Moins de rougeur de la bouche, moins de disphagie, mais salivation toujours aussi intense, son crachoir est plein. — Le 21, diminution encore plus marquée de la tuméfaction de la bouche et des muqueuses gengivales palatine et linguale. — Les ulcérations sont diminuées, mais la salivation est toujours très-abondante (un crachoir de la forme des crachoirs plats et larges) dans les 24 heures. — Elle ne trouve pas que son gargarisme soit désagréable, toujours du pus à la pression des gencives au collet des dents. Etat général toujours très-médiocre, pas d'appétit. — Le 22, toujours salivation abondante. — Le 25, son crachoir

est au quart; un peu de diminution. — Le 27, mieux. — Le 28, guérison presque complète. — 29, suppression du gargarisme. Cette observation me semble prouver la différence d'action bien marquée qui existe entre le chlorate de potasse employé contre la salivation à l'intérieur et le même sel employé en gargarisme. L'avantage reste et de beaucoup à la médication interne.

CLINIQUE MÉDICALE DE LA FACULTÉ.

Hopital de la Charité.

Service de M. le professeur PIORRY.

Salle Sainte Anne, 22.

N° 14.

Sommaire. Stomatite ulcéro-membraneuse. Angine tonsillaire et pharingée simple. — Emploi du borax, guérison en 6 jours.

Le 21 juillet 1857 est entrée la nommée Angard Benoite, 31 ans, piqueuse de bottines, demeurant à Paris, rue Bourbon-le-Château, 1, 10e arrondissement, née à Perrne (Belgique), mariée à Aspeslagh.

Cette femme, d'un tempérament lymphatique, et soumise depuis longtemps à l'influence de conditions peu hygiéniques, déclare qu'elle est sujette aux maux de gorge depuis fort longtemps ; ses amygdales se prennent avec une facilité extrême.

Le 19 juillet. — Début de la stomatite ulcéro-membraneuse, gonflement, rougeur, salivation, dysphagie, fétidité extrême de l'haleine.

Le 20. — Apparition sur les joues et la langue de petites ulcérations dont le fond offre un aspect blanchâtre.

21 juillet. — *Etat actuel.* — Haleine fétide, rougeur générale, tuméfaction de la langue, dont les bords portent l'empreinte des dents et des joues, qui portent des traces semblables. Sur le bord de la langue, à 0,02 en arrière de la pointe, on voit une ulcération longue de 0,015, couverte surtout au centre d'une couche pseudo-membraneuse. Le voile du palais est rouge et présente çà et là quelques granulations. Les amyg-

dales sont volumineuses. Le fond du pharynx est rouge lui-même et légèrement recouvert de mucuosités assez épaisses. Dysphagie, pas de dyspnée. Ouverture des mâchoires difficile et pourtant aucune tuméfaction sous-maxillaire. Toux légère et sèche. Expectoration peu abondante, salive augmentée; peu de goût pour les aliments, constipation, fièvre, urine rare.

Gargarisme ordinaire au borax, 3 grammes pour 125 grammes d'eau d'orge et 20 de miel rosat. Bouillons et potages.

22 juillet. — Haleine moins fétide, rougeur moins vive. Dysphagie diminuée, salivation, pas de changement. Tous les autres symptômes n'ont pas varié.

23 juillet. — La langue participe au mieux, la fausse membrane semble moins épaisse, et permet de voir par transparence la muqueuse ulcérée.

24. — Les gencives seules sont encore stationnaires, et la sertissure en est rouge et presque saignante. Le voile du palais est moins rouge. La dysphagie est tellement diminuée qu'elle permet la déglutition des corps demi-solides. La fausse membrane est réduite à une pellicule. Même gargarisme.

25. — Isthme du gosier, toujours un peu de rougeur. La langue est libre de sa fausse membrane, mais non de l'ulcération à teinte encore grise. Tout le reste a disparu.

26. — L'ulcération de la langue a diminué des deux tiers, seulement il y a toujours un peu de salivation en quantité suffisante pour couvrir le fond du crachoir.

27. — Guérison complète, seulement il reste une rougeur assez marquée, avec amincissement manifeste des tissus au niveau de l'ulcération de la langue.

Remarquons ici la rapidité de la guérison de la glossite ulcéro-membraneuse, qui ne marche guère plus vite à un jour près au moyen du chlorate, et la permanence de la salivation que celui-ci guérit mieux.

Notons encore que les moyens mis ici en usage ne déterminent pas ces cuissons si douloureuses, dont nous serons quelquefois le témoin dans d'autres observations.

CLINIQUE CHIRURGICALE DE LA FACULTÉ.

Hopital de la Charité.

Service de M. le professeur VELPEAU.

Salle Sainte Catherine, n° 14.

N° 15.

Brûlures du cuir chevelu, du bras droit au 4e degré, sphacele des doigts auriculaire et annulaire du même côté, entérite, diarrhée, marasme, stomatite ulcéro-membraneuse, guérison en dix jours par les gargarismes au chlorate de potasse.

La nommée Dufour, Marie, âgée de 23 ans, profession, couturière, demeurant rue du Four, n° 7, née à Bordeaux (Gironde), malade depuis le 14 avril, entrée le 15 avril 1857.

Antécédents. — Tentative de suicide par le charbon, ses vêtements ont pris feu, brûlure au quatrième degré du cuir chevelu, qui a détruit dans la moitié de la surface du crâne à gauche, œil, cornée dépolie, paupière supérieure droite détruite, bras droit, mortification complète de la peau et du tissu cellulaire sous-cutané, l'auriculaire de la main droite, l'annulaire offre une destruction complète de ses deuxième et troisième phalanges, la première reste adhérente au métacarpe. Le cinquième jour, complication d'entérité incohersible, qui dure pendant un mois en épuisant chaque jour la malade.

Le 30 mai. — Elle se plaint de stomatite légère à droite, la rougeur porte surtout sur la joue et la langue. Dysphagie, difficulté d'ouvrir la bouche, salivation abondante.

Le 31. — La rougeur de la veille a fait place à une couche de fausses membranes recouvrant une surface ulcérée, le tout siégeant dans toute l'étendue de la joue droite, et surtout le bord droit de la langue. Si on saisit avec une pince les bords de la fausse membrane, ils sont adhérents et ne se laissent pas soulever dans quelques points, tandis que dans d'autres, le point saisi s'enlève avec la plus grande facilité. L'haleine est très-fétide. Adenite sous-maxillaire à droite, gargarismes avec chlorate de potasse, 6 grammes.

Le 1er juin. — Les symptômes physiques et rationels de la stomatite n'ont pas varié, les douleurs sont surtout vives à la déglutition d'un liquide aromatisé (bouillon, potage). La langue semblable, plus sèche.

Le 2. — La fausse membrane semble moins épaisse, surtout aux bords, on y voit apparaître l'ulcération, que recouvrait hier complétement le produit accidentel.

3. — Le malade peut supporter le contact des aliments liquides sans douleurs, la fausse membrane diminue d'épaisseur et laisse voir par transparence, surtout au niveau de la joue, le fond de l'ulcération, sécheresse du reste de la bouche, qui a pris même en quelques points une teinte ardoisée.

4. — Disparition complète de la fausse membrane sur la joue, elle persiste sur la langue ; la salivation a complétement disparu, la sécheresse et la teinte gris-bleuâtre est toujours très-frappante.

5. — L'adenite n'a pas notablement diminué, elle n'a jamais été bien douloureuse.

6. — La langue est elle-même débarrassée de sa couche, de sa fausse membrane, mais l'ulcération de la langue, aussi bien que l'ulcération de la bouche, subsiste dans toute leur intégrité. Celle de la langue est plus profondément déprimée que celle de la joue. Il semble que toute l'action du gargarisme se soit épuisée sur la fausse membrane pour respecter la perte de substance.

Le traitement et la marche de la guérison semblent donc se se diviser en deux périodes : la première, pour la guérison de la fausse membre, la seconde, pour celle de l'ulcération.

7. — Le fond des ulcérations s'est affleuré avec les bords, le diamètre a également diminué.

8. — Ulcération de la joue presque complétement guérie. En aucun moment de son traitement, la malade ne s'est plaint des douleurs causées par le médicament.

9. — Ulcération de la langue, a disparu presque complétement.

10. — Toutes les traces de l'affection ont disparu.

L'epithélium recouvre tous les points malades, les gencives sont fermes, cependant la diarrhée continue et le marasme fait des progrès. Suppression du chlorate de potasse.

« Notons ici que si le traitement a été long, la cause qui « entretenait l'état de la bouche explique l'opiniâtreté du mal. « Le chlorate de potasse nous paraît ici, malgré tout, mériter « une recommandation particulière. »

CLINIQUE CHIRURGICALE DE LA FACULTÉ.

Hopital de la Charité.

Service de M. le professeur VELPEAU.

Salle Sainte Vierge, n° 23.

N° 16.

Sommaire. — Angine glanuleuse, — *stomatite ulcéro-membraneuse,* abcès de l'amygdale, — insuccès contre l'angine glanduleuse. — — Succès contre le stomatite ulcero-membraneuse et la salivation éveillée par celle-ci.

Entrée de 17 avril 1857 du nommé Hardy, Amable, 46 ans, domestique cocher, rue Taranne, n° 8, 10ᵉ arrondissement, né à la Bazonge (Ile-et-Vilaine).

Antécédents de famille. — Son père était lui-même très-sujet aux maux de gorge et aux éruptions dartreuses. *Personnels.* De tout temps, quelques plaques furfuracées sur les joues, léger pityriasis du cuir chevelu, toujours très-sujet aux angines, il en souffre presque tous les hivers. Les amygdales se prennent, et elles déterminent fréquemment des dysphagies complètes.

Il a souffert depuis longtemps de l'angine glauduleuse : toux guturale, grande tendance à l'expnition de matières muco-purulentes, sensation de sécheresse, besoin de tousser extrêmement fréquent qualifié de hem par les Anglais.

Début.—Pendant 4 jours douleurs du gosier allant en progressant, salivation, dysphagie, mais ces troubles passent inaperçus. — Le malade souffre en effet du genou gauche depuis le commencement de février dernier. Un coup de pied de cheval y a déterminé une hydarthrose. C'est pour ce fait qu'il entre à l'hôpital. — Du 24 avril au premier mai. *Etat actuel.* Tous les symptômes propres à l'hydarthrose. — Il reste pendant quelques jours sans souffrir notablement de l'angine, elle semble passer à l'état chronique, lorsque le premier mai celle-ci commence pendant la nuit, il a dormi la fenêtre ouverte, rougeur, tuméfaction, dysphagie des aliments solides, plaques psardo membraneuses sur les amygdales, fièvre intense, courbature, céphalalgie, insomnie.

2 mai. — En même temps développement d'une stomatite ulcéro-membraneuse siégeant dans le sillon gengivo buccal et sous la pointe et les bords de la langue, les fausses mem-

branes sont peu épaisses et débordées par un fond légèrement ulcéré, le bord gengival est tuméfié lui-même, pyorrhée-alvéolo dentaire, rougeur générale de tout le reste de la muqueuse buccale, ganglions sous maxillaires tuméfiés surtout à droite. — Douleur dans les oreilles. *Traitement.* — gargarisme avec chlorate de potasse 6 grammes. Eau de laitue 200 grammes.

3 mai. — Le gargarisme n'a pas produit d'impression désagréable ou pénible. — L'angine n'a pas fait de progrès, salivation le tiers du crachoir, toujours dysphagie.

Les fausses membranes ont diminué d'étendue, sinon d'épaisseur, il ne s'en est pas développé de nouvelles en dehors des deux replis lingual et gengivo buccal.

4. — L'amélioration des gencives et à tous les autres points de la muqueuse buccale, moins de rougeur et de douleur, disparition de l'haleine fétide, collection de pus en un point du gosier.

6 et 7. — La stomatite ulcéro-membraneuse est bien améliorée, presque toute la fausse membrane a disparu, mais il reste l'ulcération dans les deux points correspondants.

8. — Le pus soulève la muqueuse du pilier antérieur droit, incision écoulement d'un pus abondant extrêmement fétide, les ulcérations n'ont pas fait de progrès, le fond du gosier redevient visible, il apparaît recouvert d'un enduit pultacé. Je touche avec un pinceau trempé dans le gargarisme la parroie postérieure du pharynx.

9. — Le pus coule encore, mais la coloration de l'isthme du gosier est plus rose. — La stomatite ulcéro-membraneuse est réduite à deux points ulcérés de la largeur d'un centimètre et demi chacun. — Le pharynx est recouvert d'une foule de granulations, en même temps que l'état chronique disparait, arborisations, granulations, muquosités épaissés et adhérentes fréquemment rejetées par l'expulsion, toux gutturale.

10. — Cicatrisation assez avancée du foyer, la stomatite ulcéro-membraneuse est aujourd'hui réduite à des traces à peine visibles.

11. — Tout ce qui appartient à l'état aigu a disparu, le pilier droit est encore soulevé par l'amygdale gonflée. Même état du pharynx.

Le 12. — Disparition des dernières traces de la stomatite ulcéreuse, l'angine glanduleuse est toujours très-marquée, le malade hemme tous les quatre à cinq minutes.

Le 13. — Résolution complète de tous les phénomènes aigus. — Suppression de chlorate de potasse. *Durée du traitement* 12 jours. (Le malade reste encore assez longtemps dans les salles pour son hydarthrose.

L'angine tonsillaire simple purulent nous semble ici avoir mis en moyenne le même nombre de jours que dans les cas ordinaires pour arriver à la guérison. Cependant la cicatrisation du foyer paraît avoir été assez rapide.

L'angine glanduleuse qui n'a pas été modifiée par l'inflammation aiguë de tout l'isthme du gosier n'a pas été non plus sensiblement changée il est vrai que le chlorate de potasse employé seulement en gargarisme n'a pas pu agir puissamment contre elle, et cela malgré les précautions par nous prises de multiplier les contacts au moyen d'un pinceau.

La stomatite ulcéro-membraneuse d'ailleurs peu intense ici et survenue seulement à titre d'epiphenomène a été rapidement modifiée, toujours ici comme dans presque tous les autres cas la fausse membrane s'en va la première et la plus rapidement, l'ulcération persiste plus longtemps et finit toujours par disparaître au moins dans les cas comme celui-ci ou l'affection locale n'est pas entretenue par un état général grave. (Observation nº 13 Saint-Bernard, Hôtel-Dieu.)

CLINIQUE CHIRURGICALE DE LA FACULTÉ.

Hospice de la Charité.

Service de M. le professeur VELPEAU.

Salle Sainte Catherine, nº 29.

Nº 17.

Iritis spécifique, — stomatite mercurielle, consécutive, à l'emploi du calomel à dose fractionnée. — Emploi, salivation disparaît assez vite, — succès du gargarisme chloraté.

La nommée Bailly, Séraphine, âgée de 26 ans, profession domestique, demeurant boulevard d'Enfer, nº 7, Paris, née à St-Pierre (Jura), malade depuis les premiers jours de mai 1856, entrée le 5 mai 1857.

Antécédents de famille, rien qui mérite d'être noté. — *Personnels,* santé parfaite jusqu'à 25 ans. — A 25 ans, troubles menstruels ne voyait qu'un jour puis retour quatre jours après, sang pâle, rosé, leucorrhée dans l'intervalle, nie tout antécédent spécifique.

11 mai 1856. — Début de la maladie principale. Photophobie à son réveil, larmoiement, épiphora. Injection des conjonctives, troubles de la vision. Douleurs frontales, temporales, maximum d'intensité vers le soir, cephalalgie assez fréquente, maximum au niveau de la bosse pariétale, douleur et tuméfaction osseuse au niveau du tiers inférieur du tibia gauche, aucune tache sur les différentes régions cutanées.

5 mai. — Etat actuel. Iritis chronique, avec exacerbation momentanée, rougeur, anneau ciiliaire très-marqué, couleur de l'iris altéré plus foncé plus brun que l'iris droit qui est vert, brun, pupille immobile, nuages flottants. Cornée offrant une taie dans sa demi circonférence supérieure et annonçant une complication de kératite ancienne. Vision troublée profondément, ne voit pas à trois pas quand l'œil droit est fermé. Tibia droit tuméfié, empatement douloureux dans le point déjà signalé. Calomel, 0, 15 par jour, collyres.

6 mai. — Sous l'influence de ce traitement amélioration de l'état physique et fonctionnel, mais tuméfaction gengival. Un peu de salivation, tuméfaction des ganglions sous maxillaires droits. Gengivite plus marquée. Etat fongueux des bords des gencives. Ils sont couverts d'un liseré ulcéro-membraneux étendu en festons onduleux. L'odeur de l'haleine est infecte, à la pression, saignement issu d'un bourrelet purulent qui s'élève autour du collet des dents, impossibilité d'ouvrir la bouche, de déglutition, langue gonflée, impossibilité de voir les tonsilles.

Le 11. — Exacerbation de la stomatite, on prescrit un gargarisme avec eau simple, 250 gram.; sirop de mûres, 30; chlorate de potasse, 6 gram.

Le 12. — Le liséré blanc, onduleux, qui borde les gencives en dedans et en dehors des arcades dentaires est aussi large, la tuméfaction est aussi vive et la pression fait naître une plaque blanche qui s'injecte et rougit dès que la pression a cessé. La rougeur est d'un rosé moins violacé, la face interne des joues porte au niveau de l'arête des couronnes dentaires des ulcérations qui n'ont pas diminué. En revanche la douleur spontanée est bien moindre qu'hier. Cependant l'usage du gargarisme est toujours bien douloureux et cuisant. Les boissons fortes sont autant cuisantes (douleur provoquée non diminuée). Ademite sous maxillaire presque complètement disparue, salivation toujours notable.

Le 13. — Transmission de l'inflammation à la trompe d'Eustache, d'où otite qui n'existait pas hier, salivation moindre.

Le 14. — Tout est mieux. La langue seule offre encore à droite sur le bord une ulcération dont la couleur grisâtre a disparu. Mais où l'épithélium fait défaut. Salive à peine.

Le 15. — L'ulcération du bord droit de la langue n'offre plus de fausse membrane qui la recouvre, mais elle subsiste encore et on trouve toujours le bord saillant qui lui sert de limite et annonce une perte de substance de l'épithélium. Disparition de toute salivation.

Le 16. — Guérison complète. Exeat.

En cinq jours un gargarisme a guéri une stomatite mercurielle peu intense il est vrai, mais bien développée. L'élément salivation cède ici mieux au chlorate, même au gargarisme qu'au borax (voy. obs. nº 13, St-Bernard, Hôtel-Dieu.).

CLINIQUE MÉDICALE LE LA FACULTÉ.

Hopital de la Charité.

Service de M. le professeur PIORRY.

Salle Saint Charles, nº 9.

Nº 18.

Syphilis. — Stomatite mercurielle, — chlorate de potasse, — guérison; la gengivite ulcéreuse avec liseré subsiste seule, ainsi que le pyorhée inter alvélo dentaire. — Reprise du mercure et du chlorate.

Le nommé Dorteux, âgé de 37 ans, employé marié, entré le 7 février 1857.

Antécédents de famille. Sa mère était rhumatisante, elle est morte d'une gastrite. Son père est en bonne santé. *Personnels.* Pas de convulsions dans son enfance. Choléra en 1833 à 13 ans. — A 21 ans maladie de langueur d'épuisement, par abus des femmes, puis une fièvre scarlatine, il habitait Rouen, a voulu se rendre dans la convalescence de cette maladie à 3 lieues de là pour tirer à la conscription, à son arrivée ses pieds ont été infiltrés, l'infiltration a gagné le ventre. A guéri, mais la convalescence a été longue, pénible; il a cependant repris le dessus; de 25 à 30 ans deux affections syphilitiques (chancres) traitées par lui même sans méthode. — Un an après les derniers chancres, douleurs dans les articulations, mais principalement dans les pieds, les genoux, les hanches, elles étaient plus vives la nuit que le jour. — Il y a 5 ans, il a senti les forces de ses jambes diminuer insensiblement, en même temps qu'il éprouvait des douleurs dans les reins à l'impression d'une construction circulaire autour du ventre, il ne pouvait se baisser et se relever sans souffrir, la station debout lui causait une fatigue extrême, surtout quand il s'appuyait sur les talons, aussi cherchait-il un soulagement à la fatigue pendant la marche en faisant porter le poids du corps sur toute la plante des pieds. Cet état a duré 3 mois, un médecin a jugé les douleurs de nature rhumatismale et lui a conseillé des ventouses, des sangsues aux lombes, il a été soulagé, il urinait bien, les urines étaient claires, et il n'avait pas de palpitations, ni de douleurs au cœur. Le mieux a été tel, qu'il a pu reprendre ses occupations, faire ses courses, mais au bout de 6 semaines, nouvelle rechute, nouvelles douleurs au reins, dans les talons, mais de plus, fourmillements et engourdissements dans les deux membres inférieurs, et toujours plus vives dans le talon, surtout la nuit. Cet état se prolonge jusqu'au mois de juin 1854. Il se sent pris au milieu de son repas étant à table, d'un tremblement général, de frisson, et de douleur par tout le corps, il ne peut quitter sa chaise, gagner son lit et se déshabiller. Les douleurs générales sont aussi vives la nuit que le jour ; au bout d'une semaine, il peut se lever, descendre et même se promener en se traînant, dans le Luxembourg qui se trouve à côté de sa demeure, mais un nouvel épanchement dans le genou gauche, plus considérable que le premier le retient de nouveau au lit ; scarifications, sangsues, vésicatoire, compression. Ce traitement dure 8 mois et le laisse avec des douleurs dans les reins, dans la hanche et la jambe gauches, impotent, il épuise ses dernières ressources et entre à l'hôpital le 7 février 1857.

État actuel. Aujourd'hui 10 juin, son état est le suivant. — Motilité, il peut lever et abaisser les bras, le bras gauche est plus faible que le droit ; il sert moins fortement la main de ce côté, le tronc à demi fléchi en avant est soutenu par des oreillers et retenu dans l'immobilité. Il ne peut tourner la tête ni à gauche ni à droite, la tête ne peut se lever, se baisser sur le tronc et cependant les muscles du cou, ne sont pas contracturés. On dirait qu'il y a plutôt ankylose dans les vertèbres cervicales tant la raideur est grande.

Quant aux membranes inférieurs, ils sont paralysés, le malade ne peut les changer de place, ils sont pour lui de véritable corps inertes, peut cependant fléchir et étendre les orteils et le pied sur la jambe. Le genou gauche est complétement ankylosé. Les muscles abdominaux se contractent à volonté, il en est de même du diaphragme. Les masticateurs au contraire participent à l'incapacité générale, il ne peut abaisser la mâchoire inférieure au-delà d'une courte limite. — Sensibilité. Elle est conservée partout, et serait exagérée sur certaines régions, aux jambes qui sont le siége d'une démangeaison parfois intolérable, à ce point qu'il y a toujours dans son lit, une canne à bec de corbin dont il se sert, pour se gratter le devant des jambes, quand les douleurs se font sentir, ce qui le soulage. — Calorification. — Les membres inférieurs ont été froids pendant deux ans, la chaleur est revenue depuis 9 mois. — Contractibilité électrique (musculaire) elle est conservée, mais un peu obtuse. — Sens. Il y a un an quand les douleurs se sont fait sentir à la tête, car jusques-là elles avaient été bornées aux reins, aux hanches et aux jambes. Le sang fut porté aux yeux, à la tête, il a éprouvé dans les yeux des douleurs, et la vue s'est insensiblement affaiblie, au point qu'il voyait à peine pour se conduire quand il est entré à l'hôpital. Les papilles sont très-contractées, à peine mobiles. La vue s'est améliorée, il distingue les objets, il voit mieux de l'œil droit que de l'œil gauche, et cependant, la para hemiplegie porte plutôt sur le côté droit du corps, il y a un an bourdonnements dans les oreilles, sanie durement conservée. Odorat en parfait état. Intelligence nette, bonne mémoire, pas d'embarras de la langue, et cependant atrophie générale et pour ainsi dire progressive. Traitement, pilules de protoïodure de mercure tonique. Strychmné qu'il a fallu abandonner, il se trouve mieux. L'atrophie de tous les muscles est générale, la chloro aucune prédomine, le pouls est faible, mou, normal quant à la fréquence 58. Il n'a jamais eu de pertes séminales. L'appétit souvent altéré est bon en ce moment, il digère bien, urine bien. Constipation, respiration et circulation normales. Il y a eu de la déviation de la bouche, ne peut dire de quel côté ; épanchement dans l'articulation du genou à droite, mais moins grave à gauche, le genou est en effet plus volumineux. Il prend du 10 au 13 les pilules de protoïodure de mercure, à raison de 5 centigrammes le premier jour, et de 0,10 cent. les suivants.

Le 13. — Il se plaint déjà de symptômes de stomatite mercurielle. Du 14 au 18, les accidents de stomatite mercurielle sont à leur maximum, on cesse l'iodure de mercure et l'on donne : potion, chlorate de potasse, 4 grammes. Il se gargarise avant d'avaler. Pouls 66, respiration 24, rien au cœur. peu de transpiration. Digestion, appétit bon, pas de diarrhée, pas de coliques, urine normale en quantité et en qualité. — 20. Gonflement de joue moindre, dyspagie diminuée, les gencives toujours gonflées, sertissure toujours blanche et ulcérée. Langue tout à fait revenue à son premier volume, les boutons et les légères ulcérations qui la couvraient dans les points correspondants aux dents ont disparu. — 23. Le bord ulcéreux des gencives est encore bien marqué, mais l'ulcération est notablement moins large.

Les joues sont complétement saines, la langue est sèche et brune. A la pression encore quelques gouttes de sanie sanguinolente et purulente, pas de symptômes sensibles. — 30. Pas de modification dans l'ucération du bord des gencives, toujours écoulement du pus à la pression. Le reste des signes et symptômes de la stomatite a complétement disparu. Du 1er au 8 juillet, on lui continue ensemble les pilules mercurielles et le chlorate de potasse, la salivation, ne revient pas, mais la gengivite ulcéreuse et la pyorrhée sont toujours très-intenses. — Du 9 au 13. Retour de la salivation. Elle est peu abondante, on porte le chlorate à 6 grammes. Le 15 salivation presque complétement disparue, gengivite et pyorrhée même état. — 18. Retour à l'état ancien. — 22. Cessation du chlorate pendant 2 jours, un peu de salivation reprise du chlorate. — 25. Disparution de la salivation. Gengivite et pyorrhée même état.

1er Août. — Emploi simultané des 2 médicaments, mercure à 16 centig. le chlorate à 0, 06, ni disparition de l'état ancien ni apparition de stomatite et de salivation nouvelle. Du 1er au 13. Rien de notable.

Nous croyons remarquer toutefois une coïncidence entre l'inclinaison de la tête à gauche et l'intensité de la gengivite du même côté, faut-il en conclure que la stomatite mercurielle soit plus intense du côté des parties les plus déclivées. Nous avons déjà noté ce fait dans plus d'un cas.

Le 13. — On suspend le chlorate d'où il suit en résumant ces faits : 1° L'amélioration complète de la stomatite mercurielle par le chlorate, 2° l'impuissance de ce médicament contre la gengivite ulcéreuse et la pyorrhée alvéolo dentaire, 3° l'insuffisance du médicament a empêché complétement le retour de la salivation : 4° La nécessité d'augmenter les doses du chlorate pour la faire disparaître sans nécessité de supprimer le mercure.

CLINIQUE MÉDICALE DE LA FACULTÉ

Hotel-Dieu.

Service de M. le professeur LAUGIER,

Intérim de M. le professeur RICHET.

Salle Sainte Marthe, n° 22.

N° 19.

Syphilis, Stomatite hydrargyrique. — Suppression du mercure, emploi du chlorate, guérison moins la gengivite et la pyorrhée. — Reprise des sels ensemble. Stomatite prévenue.

Le nommé Civiel, Adolphe, âgé de 43 ans, profession ébéniste demeurant rue de Cotte n° 16, né à Bruges (Belgique) malade depuis le 1er décembre 1856. Entré le 5 janvier 1857.

Antécédents. — Il y a 12 ans, 1re chaudepisse, durée 8 semaines, chancre sur le prépuce, pas de bubons, traitement spécifique, marche au bout de 3 mois, seulement. — Roséole, durée de la roséole 3 à 4 mois. De 1846 à 1856. Intervalle où, les accidents spécifiques ne se revèlent que par des cephalalgies et des douleurs ostéocopes nocturnes.

Décembre 1856. Développement d'adenite.

Janvier 1857. *Etat actuel.* Bubon, à droite, très-dur, douloureux, rouge, impossibilité de marcher, toujours des cephalés nocturnes. Alopecie du cuir chevelu. Elle date du jour de la roséole. Marche du bubon. Sous l'influence des cataplasmes, des bains, des vésicatoires, ramolissement purulent, ouverture par le caustique. Décolement des bords, on les excise, pas de cicatrisation. Développement d'un ectyma, sur la jambe droite.

1er Juin. — Pilules de protoiodure de mercure. Effets consécutifs. Diarrhée, stomatite, dents très-douloureuses, ulcération membraneuse sur le bord libre, pyorrhée alvéodentaire. 25 Juin, suppression des pilules. Potion au chlorate de potasse 4 grammes. Du 26 juin au 5 juillet, amélioration rapide de la stomatite, toujours pyorrhée alvéolo-dentaire.

6. Après 12 jours d'emploi du chlorate, on remplace les pilules de mercure par une cuillerée à café de liqueur de Wan-Swieten, attendu qu'elles donnaient de la diarrhée.

7. La plaie de l'aine n'est pas très-riche en bourgeons charnus. Pas d'excitation de la conjonctive.

9. Pas de salivation, mais l'élément ulcéro membraneux du bord gengival et la pyorrhée subsistent toujours. Cette lésion n'est pas plus grave qu'au dernier jour de la suspension du chlorate, yeux intacts, diarrhée nulle, pas d'expectoration, circulation, calorification état normal, urines normales, pas de blennorrhagie. L'ecthyma sylphilitique de la jambe droite est toujours recouvert d'une croûte brune aussi large, mais plus décollée et prête à tomber. Il ne semble donc pas que notre sel nuise au mercure.

11. Gencives mieux, toujours le liseré ulcéré, toujours pus au bord libre. — Pas de salivation, tout le reste bien, pas de diarrhée, urine 3 fois par 24 heures, c'est-à-dire comme avant le chlorate.

12. — Pas de stomatite, ne crache pas, mais toujours gencives ulcérées, pyorrhée. Tout le reste de la bouche en bon état. Digestion bonne, urine normale, yeux bien, respiration 20, pouls 60, — pas de dégoût pour le chlorate, seulement se plaint d'un mal à l'estomac. Nez, ne mouche pas plus. — Douleur de tête, muqueuse buccale de plus en plus sèche.

13. — Même état.

15. — Toujours un peu de gengivite ulcéreuse, pas de salivation, pas de stomatite.

Ainsi on le voit après 20 jours d'emploi du mercure et du chlorate fait simultanément, il ne se développe pas la moindre trace de stomatite; mais les gencives et surtout leur bord libre sont plus sensibles et offrent toujours un peu de rougeur.

CLINIQUE MÉDICALE DE LA FACULTÉ

Hopital de la Charité.

Service de M. le professeur PIORRY.

Salle Sainte Anne, n° 16.

N° 20.

Cachexie syphilitique. — Iritis-gourmes, — stomatite mercurielle. Le chlorate de potasse guérit la stomatite. — Après une première guérison il empêche le développement d'une stomatite nouvelle. — Seulement il y a toujours gengivite avec ulcération et pyorrhée alvéolo-dentaire avant, pendant et après le chlorate de potasse — utilité de l'augmentation des doses du chlorate et de mercure en même temps.

La nommée Thill, Amia, âgée de 26 ans, demeurant rue des Acacias nº 4, née à Luxembourg, mariée à Dominici (Jean). Entrée le 25 juin 1857.

Antécédents de famille. — Rien d'analogue à ce qu'elle porte — 2 sœurs, 29 ans et 25, — bonne santé. — Antécédents personnels. — Très-bons. Il y a 2 ans première grossesse, enfant mort quelques jours après l'accouchement, 2e grossesse, il y a un an; 15 jours avant cette 2e grossesse, enrouement, accouchement heureux. — Enfant ophthalmée. Peu de temps après elle est prise d'un enrouement augmenté quelquefois même aphonie complète. — Alternatives de bien et de mal dans cette aphonie, pas de douleurs, pas de toux, pas d'expectoration, pas de symptômes généraux. Elle constate le développement d'une tumeur au bord interne du pli du coude à droite, elle est incolore, blanche, dure, puis molle et enfin bleue. — Ulcération spontanée de cette tumeur. — Ecoulement d'un liquide grumeleux, pus mal lié, séreux. — Ulcération consécutive à l'ouverture, à bords taillés à pic et décollés sur le poignet, face dorsale même tumeur, même marche, un mois après sur la région hyordienne.

Développement d'une tumeur analogue. Dans les premiers de février les yeux sont pris, il se manifeste une ophthalmie et spécialement iritis avec tous ses symptômes. Puis du côté de la tête. — Céphalalgie nocturne, chute de cheveux. Sur les grandes lèvres quelques plaques blanchâtres circonscrites par des bords taillés à pic. — Leucorrhée.

Etat actuel. — 27 juin 1857. — Bras. — Cubitus, bord interne, tuméfaction. — Pli du coude. — Bord interne, groupe de petites tumeurs (7) de volume variable, ramollies, ulcérées à pic. — Coloration violacée (lie de vin), poignet idem. — Médius, ulcération violacée, durant depuis un an dit-elle. Région hyordienne comme un bras, pus caillebotté. — Tibia droit. Un peu d'empâtement en bas. — Yeux (Iritis). 1º Cercles ciliaires autour de la cornée, teinte bleuâtre. — 2 points pustuleux à l'extrémité externe du diamètre transversal de chaque cornée. 2º. Cornée, un petit point opaque au bord inférieur de la cornée gauche. 3º Iris immobilité. 4º Pupille rétractée, petite, invariable, forme de la pupille. — Pas parfaitement ronde à gauche, signes rationnels. Vue peu troublée. — Douleurs frontales, temporales, orbitaires, dentaires, très-intenses, d'où insomnie. — Digestion — haleine fétide. Constipation. — Règles n'apparaissant qu'une fois et pendant un jour seulement.

Traitement prescrit le 15 juin. Pansement avec le cérat mercuriel, tisane, salsepareille, sirop sudorifique, iodure de potassium, un gramme dans une potion de 100 gr. — 30 juin. Depuis que la malade est entrée, pas de modification appréciable des tumeurs. — Au contraire trois tumeurs nouvelles se développent sur la face dorsale de l'avant-bras et de la main, l'iritis seule s'est notablement modifiée. — Pendant 10 jours même état,

10 juillet. — A cette époque on remplace l'iodure de potassium par les pilules de protoïodure de mercure de cinq centigrammes chaque.

Le 13. — Complication de stomatite hydrargyrique, plus salivation abondante, odeur infecte de l'haleine, gencives tuméfiées, rouges, décollées, saignantes à la pression; suintement purulent, fausses membranes sur la joue droite; langue, fausses membranes au bord droit à la pointe, partie inférieure; adénise sous maxillaire. Respiration 22, pouls 64. — Traitement, gargarisme astringent continué pendant deux jours sans succès.

Le 12. — La stomatite n'a pas changé malgré que les pilules aient été suspendues. On supprime les pilules. Potion, chlorate de potasse 4 grammes.

Le 13. Le matin et le soir onctions avec de l'huile d'olive. Les fausses membranes tapissant la langue ont bien notablement diminuées du jour au lendemain, celles de la joue subsistent encore; les gencives toujours gonflées. Traitement, on continue le chlorate de potasse et on reprend les pilules de protoïodure.

Le 14. — Amélioration soutenue malgré l'emploi persévérant des pilules de protoïodure de mercure, langue bien mieux.

Le 15. — Langue complètement dépouillée des produits pseudo-membranes, à l'exception d'un point très petit près de la pointe de la langue. La joue offre une plaque pseudo-membraneuse, bien moins épaisse, bien moins blanche et par transparence on voit la couleur rose de la muqueuse. — Salivation bien moindre, presque complètement disparue, salive toujours acide, gencives sertissures, en pressant les gencives on en fait sortir un peu moins de pus autour du collet des dents, mais elles sont encore gonflées. Respiration id. 24, circulation, pouls 66 comme avant, ne tousse pas, ne crache pas comme avant, aphonie ne diminue pas. — Règles, ne les a pas eues depuis trois semaines, un peu de leucorrhée, celle-ci ne diminue pas.

Du 15 au 19. — On supprime le chlorate de potasse pendant dix jours, ainsi que le mercure la stomatite est disparu et il ne reste plus que de la gengivite et de la pyorrhée alvéolo-dentaire.

Le 19. — Le chlorate de potasse est repris en même temps que les pilules de protoïodure de mercure.

Du 20 au 23. — Les fausses membranes de la langue, la rougeur de la bouche, l'ébranlement des dents ne se reproduisent pas; les gencives sont un peu rouges, gonflées, saignantes et couvertes à la sertissure d'une couche légère de pus, haleine non fétide.

Pas de salivation, pas de traces de stomatite, le bord des gencives est seul rouge, ulcéré. — Pendant la suspension du mercure l'affection syphilitique était demeurée stationnaire. Cette possibilité de persévérer dans le traitement détermine une amélioration bien grande des lésions. — La tumeur gommeuse du cou est cicatrisée, celle du pli du cou aussi.

Aucune tumeur nouvelle ne s'est développée.

Le 24. — Elle prend 0,10 cent. de protoïodure et 6 gr. de chlorate. Le chlorate administré à l'intérieur ne paraît pas avoir d'action irritante, pas d'hypersécrétions lacrymales ni de rougeur de la conjonctive, donc très-peu d'effet sur l'appareil lacrymale; onction sur les gencives avec de l'huile, pour les préserver du contact direct du chlorate et confier tout l'effet thérapeutique à l'action topique en retour du sel.

Le 25. — Pas de stomatite, toutes les fonctions sont normales mais toujours gengivite ulcéreuse et pyorrhée inter alvéolo-dentaire.

Le 26. — Elle prend 15 centig. de protoïodure et 6 grammes de chlorate.

Le 27. — Retour de la stomatite, on met la dose du mercure à 10 centigrammes et la dose du chlorate à 8 grammes. — L'amygdale et le pilier droit offrent un aspect blanchâtre, la langue présente des aphtes surtout au niveau du bord gauche, réunion et rupture de ces vésicules d'où une seule surface ulcérée. — Cependant l'ulcération des tumeurs gommeuses traitée par la teinture d'iode vont beaucoup mieux, le cou et les doigts complètement guéris, le chlorate n'empêche donc pas l'effet anti-syphilitique du mercure.

28. — Stomatite et salivation moindres. La bouche est bien mieux, fétidité de l'haleine a disparu, salivation presque normale, mais il reste toujours la gengivite ulcéreuse et la pyorrhée alvéolo-dentaire.

30. — Les diverses tumeurs gommeuses sont diminuées au point de justifier la sortie de la malade, elle sort en effet sans stomatite ni salivation, toujours avec le même état des gencives.

Faisons observer les particularités suivantes qui résultent de cette observation.

La stomatite mercurielle de cette maladie siégeait surtout à droite, c'est-à-dire du côté où elle se tient dans son lit, fait déjà noté pour un autre malade (n° 9 Saint-Charles, Charité.)

Le chlorate a empêché ici le développement de la stomatite pendant plusieurs jours, mais il n'a pu la prévenir absolument quand la dose de mercure a été élevée.

Utilité de l'augmentation des doses de chlorate quand la salivation survient, en même temps, utilité de diminuer la dose du mercure ; mais celui-ci ne doit pas être complètement supprimé, la stomatite disparaît sans que l'on soit réduit à cette nécessité.

Le chlorate de potasse n'a pas porté préjudice à l'action du mercure contre la syphilis.

CLINIQUE CHIRURGICALE DE LA FACULTÉ.

Hôtel-Dieu.

Service de M. le professeur LAUGIER.

Intérim de M. le professeur RICHET,

Salle Sainte Marthe n° 47.

N° 21.

Scrofule. — Keratite, — stomatite consécutive à l'emploi du calomel. — Nul effet du médicament contre la kératite. — Succès contre la stomatite.

Le nommé Tabary, Emile-Louis, âgé de 16 ans, profession apprenti bijoutier, demeurant rue de Saintonge, né à St-Quentin (Aisne). Entré le 23 juin 1857.

Antécédents de famille. — Rien de notable. Personnels, angelures continuelles, pas d'adénite, toux fréquente. Gourmes dans la tête, maux de nez impetigo. Pas de kératite. Début de la kératite, deux mois avant l'entrée par l'œil droit puis celui-ci guérit le gauche se prend.

23 juin. — *Etat actuel.* — Œil droit, taies adhérences de l'iris, traitement antérieur, vésicatoire au cou, saignée du bras, purgation, collyre au sulfate de zinc. Œil gauche kérato-con-

jonctivite, ulcération aux centres de la cornée, teinte pierre à fusil. — 25. Pas d'amélioration. Traitement actuel, calomel à dose réfractée, usage de ce sel pendant trois jours. 28. Développement d'une stomatite mercurielle assez intense, salivation abondante.

Du 28 au 2 juillet. — Progrès, suppression du calomel. — 4. Potion au chlorate de potasse 4 grammes. La stomatite est à son maximum. — 5. Fétidité de l'haleine moindre, salivation déjà diminuée. — 6. La dysphagie, la sensibilité des dents sont à peine notables mais il reste toujours à la base de la lèvre inférieure, deux ulcérations recouvertes de fausses membranes. Celles-ci n'ont pas été modifiées quant à leur épaisseur, mais ont diminué un peu quant à leur étendue. Les gencives sont ulcérées à leur bord, la pression y fait sortir du pus. — 7. Les plaques membraneuses de la lèvre inférieure ont diminué de moitie, le liseré des gencives est le même, l'œil gauche est très-malade et presque complétement perdu. — 8. Disparition de la fausse membrane, l'ulcération qu'elle recouvrait est intacte. Même état des gencives, rien de notable du côté de l'œil que l'on puisse attribuer au chlorate, pas d'amélioration de l'état de la cornée, pas de larmoiement. — 9. Circulation normale, pouls 60. Pas de diarrhée, pas de toux. Ulcération moins large et tout à fait libre de traces de fausse membrane, mais gengivite pyorrhée alvéolaire. — 10. Même état des yeux, des gencives, même absence de salivation, l'ulcération de la lèvre inférieure n'est pas encore guérie, urine normale en quantité et nature, réaction chloratée. Digestion, nausées, vomissement. — 15. Suppression.

CLINIQUE MÉDICALE DE LA FACULTÉ

Hopital de la Charité.

Service de M. le professeur PIORRY.

Salle Sainte Anne, n° 18.

N° 22.

Stomatite mercurielle traitée par le gargarisme aluminé : eau 250 grammes, alun 8 grammes. Guérison en 4 jours. Emploi simultané de l'alun et du mercure. Pas de récidive de la stomatite : la gengivite subsiste seule. — Suspension du gargarisme aluminé, pas de retour de la salivation ni de la stomatite.

La nommée Chalambot, Marguerite, âgée de 25 ans, demeurant rue Traversière 23. — Entrée le 13 juillet 1857.

Antécédents. — Nie toute espèce d'antécédent syphilitique antérieur au début de la maladie actuelle. Début le 12 juillet. La cause du mal remonte au 1er juillet. — Etat actuel. — 13 juillet. Ecoulement blennhorrhagique très-abondant. Chancres indurés sur les deux grandes lèvres. — 14. Traitement par les pilules de protoiodure une pilule de 0 gr. 05 par jour, tisane de salsepareille. — 18. Pas d'accidents. — 20. Dysphagie. Rougeur de toute la bouche. Amygdalite, gengivite ulcéreuse. Pyorrhée dentaire. Fétidité de l'haleine, adénite sous maxillaire droite. Pas de salivation. — 21. Gargarisme, eau 250 gr., alun 8 gram. — 22. Soulagement. Disparition des principaux symptômes. — 25. Les trois jours suivants la stomatite est réduite à la gengivite. Les gencives sont toujours rouges, ulcérées, avec leur bord ulcéré aussi et violacé. Tout le reste est normal. — 26. L'adénite sous-maxillaire n'a pas diminuée. — 27. On continue les pilules deux par jour (du 25 au 28). Malgré l'usage continuel des pilules, la stomatite ne récidive pas, sous l'influence du gargarisme aluminé. La gengivite seule subsiste. — Du 28 au 30. Même absence de stomatite, seulement rougeur violacée des gencives, ulcération de leur bord libre. Pyorrhée alvéolo-dentaire. Fétidité de l'haleine. La malade ne crache plus. 3 août. Elle ne prend plus de gargarisme aluminé et continue les pilules deux par jour de 0 gr. 25 chaque. La salivation revient. — 4. Exacerbation de la salivation, légère, fétidité de l'haleine. Gencives rouges lie de vin. Ulcération du liseré. — 5. Même état. La salive couvre le fond du crachoir. — Le 6. Peu de stomatite. — 8. Toujours ses pilules et pas de stomatite.

CLINIQUE MÉDICALE DE LA FACULTÉ.

Hôtel-Dieu.

Service de M. le professeur TROUSSEAU.

Salle Saint-Bernard, n. 16.

N° 23.

Coryza et stomatite diphthéritiques. Action trop lente du chlorate de potasse. — Mort.

La nommée Pécoste, Emma-Julia, âgée de 9 mois, demeurant chez Mlle Dominge Pécoste, boulevard de Charonne, 54, née à Paris, à la Maternité, malade depuis le 23 juin. Entrée le 25 juin.

Antécédents de famille de la mère. Gourmes pendant son enfance, yeux tendres, deux autres enfants tous deux morts des convulsions à 8 et 11 mois. En sortant de la Maternité, elle va à St-Antoine (crèche). Où pas de diphthéritite, le père est inconnu. Pour elle, elle se nourrit bien, elle n'a pas quitté les hôpitaux depuis l'accouchement. Accouchement précipité en allant à la Maternité. Par suite, froid (d'où rhume), dès ce moment, l'enfant a toujours toussé depuis sa naissance.

20 juin. — Éruption impétigineuse sur les jambes.

Début. — 23 juin. — Il y a deux jours, teinte rouge des narines, suintement abondant, nécessité de l'absterger. Ce suintement mêlé de sang. — Le 24. Impossibilité de prendre le sein. Œclusion complète des narines. Dès que la bouche s'adapte au mamelon, suffocation, apparition de points blancs sur le palais. Dysphagie, pas de diarrhée.

Le 25. — Fièvre extrême, suffocation augmente, suintement et hémorrhagie nasale abondants. Propagation des plaques blanches sur la langue. Diarrhée le soir, noire, infecte, anurée. — Le 26. Entrée. Etat actuel, fièvre, trop d'agitations pour le pouls, 120 environ, respiration 30. Aspect général, lèvres, face pâle, amaigrie, yeux abattus, quelques petits cris plaintifs; impossibilité de téter. Elle quitte le mamelon après deux succions. Selles noires fétides, extrêmement abondantes. Pas de bruits trachéaux, pas de toux notable. Etat local, narines rouges au pourtour de l'orifice, ulcérées, suintement sero sanguinolent abondant, rétrécissement de l'orifice nasal. La respiration nasale est incomplète, bruyante, elle est remplacée par une respiration buccale et celle-ci fait entendre un râlement dû à la tuméfaction du voile du palais et au rétrécissement de l'isthme du gosier.

La langue est couverte jusqu'à 0,01c de sa pointe d'un enduit pseudo-membraneux. La luette très-volumineuse touche à la langue. Les deux bords sont couverts de fausses membranes, les bords des deux piliers et l'admygdale en sont eux-mêmes recouverts. Entre les piliers et la luette, l'étroit espace qui subsiste fait voir une couche bleuâtre qui repose sur la paroi postérieure du pharynx. L'enfant se débat et rend l'examen extrêmement difficile. Adénite sous maxillaire double. Potion, chlorate de potasse 4 grammes. Elle avale difficilement à la cuillère, car elle a toujours pris le sein.

Le 26. On lui a fait ce matin des cautérisations avec une solution de sulfate de cuivre ; injections dans le nez et dans la bouche. Répétition de ces injections le soir.

Etat général, grave abattement et agitation alternatives. Les yeux pleurent un peu, pas de modification de l'état de la langue et du nez. Potion, chlorate de potasse 3 grammes. 27. Suffocation extrême toujours impossibilité de têter, nez couvert à l'orifice des narines de pellicules blanchâtres. Langue et luette couvertes des mêmes pseudo-membranes, amaigrissement, diarrhée, pouls innombrable, cautérisation avec sulfate de cuivre, matin et soir. Etat général grave, abattement et agitation alternatives. Larmoiement. Pas de modification de la langue ni du nez. Traitement ut supra. Mort dans la journée. Pas d'autopsie.

Ici l'insuccès est complet, mais cet insuccès prouve que le chlorate n'agit pas rapidement et non pas qu'il n'aurait pas modifié la bouche si le malade eut vécu 2 jours de plus. Le chlorate sera donc insuffisant toutes les fois qu'il faudra obtenir une action rapide. Il y a donc nécessité de ne l'employer en pareil cas qu'a titre d'auxiliaire.

CLINIQUE MÉDICALE DE LA FACULTÉ.

Hotel-Dieu.

Service de M. le professeur TROUSSEAU.

Salle Saint Bernard, n. 19.

N° 24.

Scrofules, gourmes, otorrhée, abcès de l'oreille, stomatite et angine pseudo-membraneuses, forme commune. — Succès du chlorate de potasse.

La nommée Lappraud, âgée de 1 an 15 jours, sa mère brunisseuse demeurant (la mère) rue du faubourg du Temple 125, née à Paris, malade depuis le 26 mai 1857. Entrée le 8 mai 1857.

Antécédents de famille. — Sa mère, a eu une très-bonne grossesse et une très-bonne santé, c'est son 8e enfant (celle-ci seule vit, ignore la maladie de 6 d'entre eux, un mort de variole). Le père est actuellement à l'Hôtel-Dieu (Sainte-Jeanne), on le traite par l'huile de foie de morue et du vin de quinquina.

Personnels. Muguet 6 jours après sa naissance, gourmes 15 jours après sa naissance, surtout au bas ventre. Osite-Otorrhée, durant 2 mois, arrêt de quelques jours, on craint et on prévoit l'hémiphégie faciale à droite. Abcès de la région temporale. Au mois de mars 1857. Rein et jambe droite, impetigo.

8. Mai. — Entrée à l'hôpital pour ces accidents de scrofule et de coryza chronique. Séjour jusqu'au 26 mai avec ce traitement. (Cautérisations avec eau iodée des surfaces autrefois couvertes d'impetigo.

26. Mai. — Début de l'affection principale, rougeur sur la bouche, aphthes au palais. Presqu'exclusivement les aphthes deviennent confluentes et se revêtent franchement de fausses membranes. Forme 5 ou 6 plaques de la largeur d'une pièce de 4 sous chaque, sont unies les unes aux autres et forment un chapelet qui suit irrégulièrement la ligne médiane du palais.

Pas de salive. Bouche assez sèche, amygdales paraissant saines. La langue, les gencives, les piliers offrent une légère couche blanchâtre pseudo membraneuse. Etat général. Digestion. Diarrhée. Elle durait déjà depuis le moment de l'entrée de la mère. Respiration, toux fréquente, pas de crachats rejetés dans la bouche. Circulation. Pouls 108. Chaleur brûlante, nutrition, maigreur. Du 27 mai aux jours suivants : Cautérisation, au crayon, potion chlorate de potasse 1 gram., tous les jours suivants, même potion, tous les 2 jours cautérisations. Eau gommée. — 4 juin, alternatives de mieux en mieux et d'exacerbation dans la bouche Muqueuse. toujours sèche. Diarrhée devenue très-verte depuis le chlorate. Respiration. Elle tousse de temps en temps. Circulation, fièvre, plus le soir, adénite inguinale droite, urine abondante, vulve pas de plaque, nez un peu mieux, moins rouge, coule peu. Gourme, il lui est ressorti de la gourme depuis le commencement du chlorate, cette gourme est habituellement sèche. Digestion. Elle vomit beaucoup son lait. Appétit le même. Elle tète autant, soif, pas de coliques, joues gonflées, infiltrées surtout à gauche. Somme toute, peu de modification de la scrofule ni de la stomatite quoiqu'au 8e jour du chlorate de potasse. 5 juin. Disparition presque des fausses membranes. 6. Suppression du chlorate. Vomissements. Bouche et isthme du gosier, état très-satisfaisant. Guérison.

CLINIQUE MÉDICALE DE LA FACULTÉ.

Hotel-Dieu.

Service de M. le professeur TROUSSEAU.

Salle Saint Bernard, n. 9.

No 25.

Angine, coryza, diphthéritiques, emploi du chlorate de potasse, — amélioration, puis guérison de l'état local, après 6 jours de traitement, disparition complète de l'angine, — mais adynamie, profonde, la malade meurt guérie de son angine; notre sel est donc impuissant contre l'élément adynamie et encore contre le vice général dont l'angine couenneuse était le symptôme.

Entrée le 21 juillet de la nommée Ruelle, Emma, 9 ans, sans profession, à Romainville, place de l'Eglise, no 4, née à Rainville (Seine).

Début. — La maladie remonte au 19 et s'annonce par un mal de gorge violent, dès le premier jour vomissements, diarrhée, toux fréquente, la bouche présente une odeur fétide, la voix est nasonnée, le voile du palais devient grisâtre au point que la mère de l'enfant en est elle-même frappée. Salivation abondante. Tuméfaction de la région parotidienne du côté droit. Dans cet état elle reste un jour sans traitement.

Entrée le 21. — Etat actuel. Le pilier droit du voile du palais et même la moitié de cet organe sont complètement recouverts par une production blanc-jaunâtre, faisant une saillie de 2 à 3 millimètres au-dessus du niveau des muqueuses voisines. La luette est elle-même enveloppée de l'enduit couenneux, rougeur de tout le reste de la bouche, odeur infecte de l'haleine, salivation abondante. La cavité nasale est elle-même le siége d'un suintement abondant. L'orifice des narines présente quelques plaques de fausses membranes, le nez semble bouché, la malade respire la bouche ouverte, en faisant entendre un bruit guttural particulier. L'état général est bien souffrant, coliques, un peu de diarrhée. pouls à 80, respiration 30, pas de bruit, trachéal anormal, pas de toux ni de dyspnée, glandes sous-maxillaires engorgées, urine rare, prostration musculaire décubitus dorsal.

22. — Etat général et état local empirent, on administre une potion avec le chlorate de potasse 6 grammes. On adjoint à ce moyen des cautérisations avec le sulfate de cuivre, de plus, gargarismes avec tannin 1 gramme, alun 20 grammes, eau 125 grammes. Café, chocolat.

23. — La salivation est aussi abondante, les fausses membranes sont aussi étendues, la dysphagie est la même, retour des boissons par le nez. Etat général grave, prostration très-grande, coliques, diarrhée, pas de toux, même état de pouls, le suintement est tout aussi abondant, on est obligé d'absterger plusieurs fois dans une heure les muquosités nasales.

24. — Le nez produit des muquosités moins abondantes, la bouche est dans le même état; toujours diarrhée, pouls, 80, respiration 20, toux rare, salivation peu abondante.

25. — Etat général de plus en plus grave. Prostration extrême, teinte jaune, cachectique de toute la surface du corps, paupières alourdies, la sclérotique est jaune, et pourtant les urines n'offrent pas de traces de la matière colorante de la bile, respiration presque normale, pas de toux, pas de râles. Pouls 76, urine peu, bouche, état bien plus satisfaisant.

L'épaisseur de la fausse membrane est diminuée notablement, elle ne fait plus saillie au dessus du niveau des muqueuses voisines.

26. — La teinte jaune des téguments augmente, l'urine épaisse et bourbeuse, la malade couchée sur le dos peut à peine faire quelques mouvements dans son lit ; le pouls est à 80, respiration 26, pas de râles, paroles pénibles mais non éteintes. Diarrhée, et cependant l'état local est amélioré ; déjà la fausse membrane a diminué de moitié en étendue et en épaisseur. Le voile du palais est découvert, mais les arcades offrent de chaque côté un dépôt pseudo-membraneux.

27. — La teinte cachectique fait des progrès, l'intelligence est profondément abattue, le visage hébété ; l'enfant ne semble plus impressionné par tout ce qui l'entoure, et pourtant le voile du palais, les piliers, la luette, présentent une disparition complète de la fausse membrane.

L'état local semble complètement guéri, il y a un contraste évident entre l'état général et la manifestation locale aujourd'hui complètement guérie.

28. — L'angine est complètement guérie et cependant la malade succombe dans la journée.

Autopsie. — Le pharynx ne présente plus de traces de fausses membranes, mais dans tout le point qu'elles occupaient on trouve que l'épithélium a disparu en formant une ulcération d'ailleurs superficielle. Le chlorate de potasse n'a pas modifié ici pas plus que dans les autres observations la fausse membrane et l'ulcération sous jacente à la fois. Le sang est diffluent comme dans toutes les morts qui surviennent au milieu d'une cachexie, pas de fausses membranes dans toute l'étendue des voies respiratoires, les cavités nasales n'en offrent plus de traces elles-mêmes.

L'appareil digestif ne présente rien de notable, pas d'ulcération du tube digestif ; les annexes de cet appareil paraissent intacts. L'urine offre des traces évidentes du sel, les autres liquides ne nous présentent pas la réaction caractéristique.

CLINIQUE MÉDICALE DE LA FACULTÉ.

Hôtel-Dieu.

Service de M. le professeur TROUSSEAU.

Salle Saint-Bernard, n° 31 *bis.*

N° 26

Angine pharyngée, pseudo-membraneuse, stomatite couenneuse, diathèse scrofuleuse, emploi du chlorate de potasse. — Succès et guérison en 11 jours. Kératite, pas d'effet.

La nommée Vouland, âgée de 16 ans, momentanément fille de salle, demeurant rue de la Santé, 29, douzième arrondissement; née à Paris, malade depuis quatre jours, 1er juin 1857, entrée le 9 avril 1856.

Antécédents. — Mère morte de la poitrine; elle-même présente tous les antécédents de la scrofule, gourmes kératites. Développement extrême de la lèvre supérieure et du nez qui se recouvre à plusieurs reprises de croûtes impétigineuses. Variole à la suite de laquelle se développe une incontinence d'urine qu'elle conserve jusqu'à son entrée à l'hôpital.

9 avril 1856. — Son état général actuel confirme tout ce qu'elle raconte de ses antécédents. Ses yeux présentent des traces évidentes de kératites souvent répétées; quelques taies blanchâtres recouvrent çà et là la surface des deux cornets, elle est traitée de son incontinence par la belladone en pilules, à la dose successivement augmentée de 1 à 15 centigr. Sous l'influence de ce traitement, amélioration réelle. Au moment du développement de la pharingite il y a quarante jours dit-elle qu'elle n'urine plus malgré elle.

Début de la pharyngite. — Dans le courant de mai 1857, elle était déjà frappée de la facilité extrême avec laquelle elle contractait de l'irritation vive de la bouche. Cette irritation s'était traduite à plusieurs reprises par une salivation assez abondante.

Le 1er juin. — Ces accidents deviennent trop marqués pour qu'ils soient cachés davantage par la malade. Dès ce jour, elle se plaint d'une douleur extrême dans toute la bouche; elle ne peut avaler. Les angles de la mâchoire sont douloureux à la pression; salivation extrêmement abondante, elle remplit trois crachoirs.

Le pharynx offre alors des plaques blanches, jaunâtres, larges, d'un centimètre sur trois de long, elles offrent une teinte gris-jaunâtre et recouvrent tout l'isthme du gosier, la paroi postérieure du pharynx elle-même offre des traînées de fausses membranes bien caractérisées. La muqueuse rouge tuméfiée forme un relief autour des bords de chaque plaque des fausses membranes.

Traitement. — Potion avec chlorate de potasse, 10 grammes. Cautérisation avec une éponge imbibée de sulfate de cuivre.

Le 2 juin. — Pas de modification notable du pharynx. Son état général est demeuré le même qu'hier. Diarrhée légère, un peu de fièvre, pas de sueurs, urine peu abondance, ne tousse pas, elle est bien réglée, pas de leucorrhée.

3. — Pharynx. Les plaques couenneuses sont toujours les mêmes en étendue, en couleur et en épaisseur, elle crache encore abondamment. Elle rejette en même temps que la salive des produits étrangers qui semblent venir de la gorge, elle les compare à des morceaux de peau mêlé à du sang. La cavité des fosses nasales paraît elle-même envahie, elle se plaint d'enchifrènement.

4. — La dysphasie est encore très-vive, elle avale difficilement les solides et même les liquides (une portion).

6. — Même état général et local, cependant les plaques de fausses membranes ont diminué sur leurs bords et laissent voir à nu le plan ulcéré qu'elle recouvrait.

8. — La fausse membrane a diminué de moitié; dans le point correspondant, la muqueuse semble avoir subi une perte notable de substance.

9. — Les fausses membranes ont disparu, et les ulcérations n'ont pas suivi la même marche progressive vers la guérison. Le milieu de ces ulcérations est notamment plus déprimé que les bords. Cautérisation par le sulfate de cuivre.

10. — Toutes les plaques ont disparu, et cependant on découvre encore sur la paroi du pharynx, en arrière et à droite, une plaque jaunâtre. La salivation est toujours acide, les excoriations légères de l'isthme du gosier ont disparu presque entièrement.

11. — Même état de la paroi postérieure du pharynx. L'urine n'est pas plus abondante que d'habitude, aujourd'hui que les jours derniers. Respiration, état normal, comme fréquence, comme expectoration bronchite. Pas de fièvre, les yeux, et spécialement la kératite carnée, n'ont pas changé depuis le commencement du traitement, et cependant collyre au nitrate d'argent et insufflation de calomel.

12. — Elle se plaint de quelques cuissons qu'elle attribue à l'emploi du médicament ; d'ailleurs, il reste seulement un léger boursoufflement des muqueuses précédemment affectées. Elle mange très-bien, ne crache plus, guérison complète, suppression du chlorate de potasse ; durée du traitement, onze jours.

Il résulte de ces faits que le chlorate de potasse n'est pas inutile dans le traitement de l'angine couenneuse. Bien que le sulfate de cuivre soit intervenu, on peut attribuer à notre médicament les principaux effets contre l'élément fausse membrane. La part du sulfate de cuivre se trouve plutôt dans l'amélioration des ulcères ; dans tous les cas, la salivation a été rapidement diminuée par les effets de notre sel, et cette vérité se trouvera démontrée par l'étude comparative de ces effets et de ceux des divers agents que nous avons étudié contre la stomatite.

CLINIQUE MÉDICALE DE LA FACULTÉ.

Hôtel-Dieu.

Service de M. le professeur ROSTAN.

Salle Saint-Antoine, n° 28.

N° 27.

Stomatite, pyorrhée alvéolo dentaire. — Muguet, — angine glanduleuse. — Phthisie, — chlorate de potasse. — État général, assez bon. — Succès rapide contre le Muguet.

La nommée Vattier, Jeanne, veuve Prieur, âgée de 58 ans, profession culottière demeurant rue du Mûrier, 13, 12e arrondissement, née à Fumes (Marne).

Antécédents. — Exposée d'ordinaire aux maux de bouche. Dents cariées, saignement des gencives. Salivation, enrouements. Rhumes de cerveau très-fréquents, qui ont précédé la pharyngite. Hémoptysies anciennes dont elle ne peut préciser le début. Entrée le 22 juillet 1857.

État actuel. — 22. — Gencives ulcérées à leur bord, langue muguet, salive, réaction acide. Pharynx, granulations saillantes, mucosités purulentes qui le recouvrent à la paroi postérieure. Cavernes, et ses signes au sommet gauche. Digestion, constipation, fièvre le soir, pouls 80, respiration 24, urine bonne, céphalalgie, insomnie, faiblesse musculaire, mais marche bien.

26. — On prescrit dans la tisane 4 grammes de chlorate de potasse. Cette manière plait à la malade, qui ne le sent pas.

27. — Un peu d'amélioration. — 28. Gencives mieux, mais toujours liseré, langue se nettoye. — 29. Rien de notable, pas de modification des autres symptômes. Constipation depuis huit jours. — 30. Etat de guérison complète, plus la moindre trace du muguet, mais la pyorrhée alvéolo dentaire n'est pas modifiée. L'angine glanduleuse n'a varié en aucune façon. La phthisie offre les mêmes symptômes rationels et thétoscopiques. Suppression du sel, salive acide. Ce succès rapide du sel contre le muguet s'explique ici par l'état général qui est ici assez satisfaisant.

CLINIQUE MÉDICALE DE LA FACULTÉ.

Hôpital de la Charité.

Service de M. le professeur BOUILLAUD.

Salle Saint Jean-de-Dieu, nº 17.

Nº 28.

Rétrécissement auriculo-ventriculaire gauche. — Stomatite simple, — gengivite-pyorrhée alvéolo dentaire. — Ebranlement des incisives, utilité du sel comme dentifrice, mais insuffisance dans le cas actuel.

Le nommé Léonard, François, âgé de 26 ans, profession pâtissier, demeurant rue de l'Egoût, 4, 10e arrondissement, malade depuis 10 ans pour le cœur, — 6 mois pour la bouche. Entré le 25 mai 1857.

Antécédents. — Pas de rhumatisme dans sa famille. *Personnels.* Pas de rhumatisme articulaire ni de pleurésie dit-il. 1846. — Début de sa maladie de cœur. Il entre à plusieurs reprises dans le service.

Etat actuel. — 25 mai 1857. Faciès cardiaque. — Muqueuses bleues. — Essoufflement, pouls filiforme 54. Intermittences. Respiration : 28. Souffles.

Œdème des malléoles, langue très-bien.

Pharynx très-bien, pas de dysphagie.

Affection principale. Gengivite; gencives bleues gonflées Dentelures; entre les dents ulcération grisâtre, sur les sertissures, pression, pus entourant le collet de la dent, sang spontanément ou à la pression. Dents douloureuses pendant la mastication. Haleine fétide. — 14. Les dents branlent presque toutes. Gargarisme, chlorate de potasse 4 grammes. — 15. Tuméfaction moindre, haleine moins fétide. — 16. Saignement plus rare. Cependant on le constate encore le matin au réveil. — 17. La teinte est bien moindre. Toujours du pus au collet des dents. — 18. Mange mieux. Les dents supportent la mastication, toujours du pus. — 19. Idem. — 20. Gencives plus fermes, le pus n'a pas disparu des gencives, les dentelures qui ne correspondent pas aux incisives et aux canines mieux. — 21. Les dentelures des gencives sont presque complètement effacées. — 23. A la pression les goutelettes de pus sont plus rares autour des dents. Tout le reste de la bouche est parfaitement sain. — 26. Toujours on fait sortir des gouttes de pus en pressant les gencives. Tout est bien d'ailleurs.

Du 26 au 30. Pas de modification appréciable. Les 4 dents incisives inférieures et 3 supérieures oscillent dans leurs alvéoles comme par le passé. — Du 1er au 4 juillet.

La pyorrhée sous l'effet du chlorate et sous l'influence d'une autre cause a diminué, toutefois, on fait ressortir aisément quelques gouttes de pus, — mais l'oscillation des incisives est toujours la même. — 7 juillet, toujours du pus à la pression des dents. — 12. Seulement 3 points ulcérés au niveau des trois incisives inférieures. — Très-peu de pus à la pression. — Amélioration évidente. — Du 12 au 19. Toujours du pus aux gencives. Le chlorate a eu quelques effets mais les dents branlent toujours et la pyorrée n'a pas cessé. On substitue au chlorate du quinquina en poudre que le doigt du malade étend avec frictions légères sur les gencives. — 21. Gencives assez sèches, mais dents idem.

CLINIQUE MÉDICALE DE LA FACULTÉ.

Hôtel-Dieu.

Service de M. le professeur TROUSSEAU.

Salle Saint Bernard, nº 10.

Nº 29.

Amygdalite chronique double. Pharyngite glanduleuse, emploi du chlorate. Amélioration de l'amydalite aigue. Pas d'amélioration de l'état chronique. Etat stationnaire de la pharyngite glanduleuse.

La nommée Dessiaume, Marie 28 ans, domestique, demeurant rue des Batailles, nº 9, née à Vierzon (Cher). Entrée le 14 juillet 1857.

Antecédents. — Exposée aux maux de gorge, tous les mois un accès, hiver comme été même sans refroidissement, marche ordinaire 8 à 15 jours. Traitement. Gargarisme. Elle hemme souvent, matin, bouche mauvaise, pleine de salive épaisse muco-purulente et quelquefois de sang. Voix souvent enrouée. Elle grayonne d'habitude et rejette des pelotons muqueux par le nez, couleur jaune-verte. Elle s'était fait soigner trois semaines avant d'entrer. — Vomitifs.

Etat actuel. — Amygdalite intense avec tous ses caractères, amygdales très-volumineuses. Dysphagie. — Salivation assez peu abondante. Dyspnée, machoires peu serrées, voix nasonnée. — Signes d'angine glanduleuse, face intérieure du voile, points sablés correspondants à des glandes hypertrophiées. Même aspect du paroi postérieur du pharynx, celui-ci couvert d'un enduit épais, jaunâtre de mucus concrété. — Tous les symptômes des antécédents un peu modifiés par l'état aigu, mais toujours graillonnement et toujours le hem caractéristique. Céphalalgie, nausées et fièvre. — Le 15, un vomitif, soulagement, plus de fièvre bien notable. — 16. Potion. Chlorate de potasse, 4 grammes.

17. — Effet imperceptible. — 18. Un peu d'amélioration, mais les amygdales sont toujours bien grosses. — 19. Diminution des crachats muqueux. — Bouche toujours mauvaise, seulement l'aspect blanc gris qui couvrait les amygdales a disparu. — Le 20, toujours l'aspect granuleux. — Voix toujours nasonée, mais pas enrouée, ne trouve pas la potion dé-

sagréable. Fièvre. — 21. A moins craché que d'habitude. — Circulation. 0. — Salivation peu, digestion constipée, une selle depuis 8 jours, — elle tousse encore la nuit, — urine peu abondante, — règles, très-mal d'habitude. Elle les a d'aujourd'hui, ne les avait pas depuis 2 mois. — 22. Diminution de la salivation. — Tous les autres symptômes idem. — 23. Exeat. Pas d'amélioration, aucun effet sur l'angine glanduleuse.

CLINIQUE CHIRURGICALE DE LA FACULTÉ.

Hôpital de la Charité.

Service de M. le professeur VELPEAU.

Salle Sainte Catherine, n° 29.

N° 30.

Angine glanduleuse, angine gutturale et tonsillaire avec stomatite, enrouement. — Laryngite. — Salivation extrêmement abondante, 4 à 5 crachoirs par jour, un peu plus développée que les accidents d'inflammation. Fièvre. — Prostration, — gargarisme aluminé, amélioration de la stomatite. — Salivation très-opiniâtre et très-difficilement améliorée.

La nommée Soleil, Eugénie, âgée de 19 ans, profession domestique, demeurant rue Basfroi 33, 8e arrondissement, née à Chassé-les-Monts-Bazon (Haute-Saône). Entrée 29 juin 1857.

Antécédents. — Dit qu'elle n'a pas eu beaucoup de maux de gorge, elle est à Paris depuis un an. Elle était entrée pour un abcès du sein et le refroidissement lui donne une angine. — *Début.* Marqué par les symptômes généraux puis tous les signes de l'inflammation des régions supérieures des voies aériennes et digestives, salivation très-abondante 4 assiettes par jour, disphagie, dypsnée, rougeur générale, enduit pultacé des gencives, tuméfaction des amygdales, allongement de la luette, raucité de la voix, de l'angine glanduleuse, rougeur du voile, de la paroi postérieure du pharynx, quelques points perlés, saillants, correspondant aux glandules, hemme souvent. — 17. Gargarisme aluminé, purgatif, vomitif. Cet état dure malgré le vomitif et le purgatif. Toujours mêmes symptômes locaux et généraux, salivation 3 crachoirs. — Du 19 au 20. —

Toujours rougeur, tuméfaction glanduleuse du gosier, fièvre et surtout salivation très-abondante, malgré la rougeur et l'inflammation moindre, sur les points visibles au moins. — Du 21 au 22. — Enduit pultacé sur les gencives persiste, rougeur de l'isthme, enrouement et cependant toujours salivation. — Du 22 au 24. — Salivation toujours abondante, pas de modification des glandules, l'angine devient laryngée, aphonie, vésicatoire sur le cou, après 6 jours de traitement le chlorate de potasse appaise d'habitude la salivation.

CLINIQUE CHIRURGICALE DE LA FACULTÉ.

Hopital de la Charité.

Service de M. le professeur VELPEAU.

Salle Sainte Catherine, n° 5.

N° 31.

Angine phlegmoneuse. Ouverture d'un abcès de la gorge. — La *salivation* est le plus frappant des symptômes et n'est pas amoindrie rapidement. (Alun).

La nommée Bouteville, Augustine-Honorine, 19 ans, ouvrière demeurant rue Rambuteau, n° 26, 6e arrondissement.

Antécédents. — A eu un accident analogue il y a 2 ans ; accouchée au mois de janvier, son état général a toujours souffert depuis cette époque. — 12 juillet. — *Début de l'angine.* Dysphagie, salivation très-abondante. — Impossibilité d'ouvrir la bouche, développement d'une parotide, dyspnée très-grande, gargarisme avec miel rosat et alun prescrit. — L'Hôtel-Dieu l'emploie mais sans amélioration dit-elle.

Entrée le 20 juillet. — *État actuel.* — Dyspnée extrême, salivation très-abondante.

Dysphagie complète, gonflement général des muqueuses, pilier droit soulevé, nausées, vomissement, parotidite. Etat général, fièvre ; embarras gastrique, incision dans le pilier antérieur droit. Gargarisme avec miel-rosat eau d'orge 125, alun 1. — 21. Un peu mieux, mais toujours difficulté d'ouvrir la bouche. — 23. Salivation moindre résolution. — 25. Salivation subsiste, guérison. Cicatrisation de l'ouverture de l'abcès, exeat. Le reste de la muqueuse buccale paraît sain.

La salivation demeure quoique bien moindre qu'au début. L'élément salivation cède mieux, on le voit, au chlorate qu'à l'alun pris en gargarisme ; mais la cicatrisation d'une plaie régulière comme celle due à la piqûre d'une muqueuse baignée de salive, s'opère aussi vite par l'alun que par le chlorate de potasse, même dans les cas où il réussit le mieux. Voy. obs. n° 8 Sainte-Vierge, service de M. le professeur Velpeau.

CLINIQUE CHIRURGICALE DE LA FACULTÉ.

Hôpital de la Charité.

Service de M. le professeur VELPEAU.

Salle Sainte Vierge, n° 8.

N° 32.

Angine glanduleuse. Luette recourbée à droite, en forme d'anse, — angine tonsillaire. — Chlorate en gargarisme, marche spontanée. *Salivation* abondante rapidement améliorée.

Le nommé Arlet, Auguste-François, 23 ans, domestique, demeurant rue Saint-Honoré, n° 49, 4e arrondissement, né au Buisson (Marne). Entré 17 août 1857.

Antécédents. — Sujet aux douleurs dans les jointures, à 16 ans première angine guérie par de simples palliatifs et terminée par une suppuration, puis retour des amygdalites tous les ans dans l'intervalle passées à l'état chronique, angine glanduleuse, toux gutturale, hemme à tout moment tous les dix minutes, grayonnait beaucoup. Enrouements fréquents, et facile à s'enrhumer. — *Etat actuel.* — Hypertrophie énorme de l'amygdale gauche, voile très rouge, granulations. La luette est couverte d'un long vaisseau rouge et de quelques granulations. Déviée à droite, sa pointe recourbée de manière à remonter en anse, pharynx, paroi postérieure rouge arborisé granulé. Crachats fréquents nés du pharynx. Hem, enrouements, voix voilée habituellement, salivation un quart du crachoir. — Le 18. Ablation de l'amygdale. — 19. Gargarisme au chlorate de potasse. — 20. La place de l'amygdale qui avait saigné beaucoup est assez sèche et dessinée par une surface blanchâtre occupant l'intervalle des deux piliers l'amygdale droite idem, l'angine id, salivation un peu moins.

21. Amygdale droite moins volumineuse. Voile et luette moins rouges. — Plaie moins large toujours couverte d'un pus blanc concret. — Pharynx paroi postérieur toujours rouge granuleux. — Même hypertrophie, salivation : couvre à peine le fond d'un crachoir plat, sécrétion muqueuse, mêmes crachats jaunes, hem toujours fréquent, le gargarisme ne cuit pas, amélioration très-grande. — 24. Gorge très-bien, salivation preque nulle. *Exeat.*

CLINIQUE MÉDICALE DE LA FACULTÉ

Hôtel-Dieu.

Service de M. le professeur ROSTAN.

Salle Sainte Antoine, n° 26.

N° 33.

Scarlatine, — puis variole stomatite compliquant les deux maladies et revêtant leur caractère, toutefois, pas de fausses membranes, — chlorate assez favorable.

La nommée Bailly, Alexandrine, âgée de 22 ans, profession de fleuriste, demeurant à Paris, rue de la Tour, n° 7, née à Billancourt (Seine). Malade depuis le 30 mars 1857, entrée le 7 avril 1857.

Antécédents personnels. — Pas de maladie antérieure, vaccinée à un an.

30 mars. — Début de la scarlatine, apparition du samedi au dimanche, angine extrêmement vive, ne peut avaler les solides ni les liquides. Toux assez fréquente, pas de crachats, constipation, vomissements, céphalalgie, courbature. Eruption généralisée. — Langue écarlate comme la peau avec développement des papilles, salivation nulle.

Durée trois semaines. — Exacerbation des symptômes, gravité extrême, réaction extrêmement vive, fièvre intense, délire.

Le 20 avril. — Complication de varioloïde à la suite d'un

refroidissement et d'une purgation faite, avec développement de pustules dans le pharynx d'où tuméfaction extrême, suffocation. Les pustules sont très-développées autour de la luette et presque confluentes. — Toux fréquente, quelques craquements, salivation très-intense. Réaction, papier rouge. Ademte sous maxillaire très-douloureuse, d'abord à gauche puis résolution, puis à droite le long du sterno mastodien. — Le 24. — La stomatite est à son plus haut degré. Œdème dysphagie. Papier de tournesol rougi. Potion de chlorate de potasse 4 grammes, il détermine des nausées, des vomissements. On dissimule à la malade la présence réelle du médicament, elle vomit toujours, pas de cuisson. — 25 et 26. On persiste dans l'emploi du médicament, teinte plus rosée de la muqueuse auparavant plus boursoufflée et plus bleuâtre.

CLINIQUE MÉDICALE DE LA FACULTÉ.

Hopital de la Charité.

Service de M. le professeur BOUILLAUD.

Salle Sainte Madelaine, n° 6.

N° 34.

Accouchement récent, — tuberculisation consécutive, à la 1re période. — Toux extrêmement fréquente. Salivation extrêmement abondante pendant les quintes. — Chlorate de potasse. — Salivation sans amendement.

La nommée Bultz, Marie-Madeleine, âgée de 28 ans, profession : couturière, demeurant rue Ménilmontant, n° 161, à Belleville, née à Paris. — Entrée le 8 juillet 1857.

Antécédents de famille. — Ses père et mère sont morts l'un à 48 ans, l'autre à 52 ans. Le père de sa neuvième fluxion de poitrine avec des signes non douteux de tuberculisation.

Elle a un frère de 26 ans d'une santé très-faible et d'une maigreur extrême.

Antécédents personnels. — Avant la grossesse elle n'avait jamais été malade, cette grossesse semble être comme le point de départ de tous les accidents. Elle est accouchée le 14 juin dernier, à la fin du même mois elle commence à tousser, elle salive déjà avec abondance, amaigrissement, sueurs nocturnes, douleurs intercostales à droite extrêmement intenses, essoufflement, pas d'hémoptysie.

8 juillet. — *Etat actuel.* — Elle n'a pas vu ses règles depuis sa grossesse. — L'aspect général est celui que présente un tempérament lymphatique-exagéré, maigreur des membres, pâleur et bouffissure de la face. A l'auscultation respiration prolongée, essoufflée au sommet gauche. — Tous les autres signes de la phthisie commençante.

Ce qui frappe surtout c'est une salivation très-abondante dont la cause n'est pas bien tranchée puisque l'on n'aperçoit pas la moindre trace de stomatite. — 13. Cet état local et général va toujours en augmentant, la salivation devient très-abondante, potion avec le chlorate de potasse 4 grammes. — 14. Toujours même salivation, pas d'augmentation du mucus nasal ni des autres sécrétions. Les signes de la phthisie sont les mêmes. Les règles ne reparaissent pas, urine même quantité, même réaction chloratée. — 15. Toujours salivation abondante, aucun appareil ne semble impressionné par le chlorate de potasse. — 16. La salivation loin d'être réduite semble plutôt augmentée, pouls 86 88, respiration 24. Appareil digestif, elle vomit et en accuse le chlorate de potasse. Cependant ni constipation, ni diarrhée, urine même abondance, même réaction. — 17. Elle offrait en entrant un peu de tuméfaction des gencives; les dentelures gengivales sont aujourd'hui plus aplaties et moins longues. — Elle tousse peu, expectoration non augmentée ni diminuée, se plaint d'un chatouillement et d'une cuisson résultant peut-être du chlorate de potasse, elle vomit souvent. — 18. Bouche, même état, salivation toujours assez abondante, moindre cependant que les jours derniers de quelques grammes, pouls 80 82, respiration 28. Elle tousse moins, vomissements suspendus. (notons la relation qui existe entre la diminution de la toux et celle de la salivation.) — Du 18 au 20. La toux est devenue encore moins fréquente, la salivation est moins abondante elle-même, elle a vomi encore une fois. — 22. Elle a toussé autant que les premiers jours, la salivation est revenue elle-même à ce qu'elle était au début, pouls 80, respiration 22, digestions mauvaises. Elle vomit tout ce qu'elle prend. — Urine, ne semble pas avoir augmenté, elle présente toujours la réaction due au chlorate. Malgré la salivation encore très-abondante, l'état des voies digestives oblige à supprimer le chlorate de potasse.

Ainsi en résumé, loin de tarir la salivation le chlorate a permis qu'elle fut augmentée à plusieurs reprises.

Cette salivation qui paraît liée à la toux et au mauvais état des voies digestives, a bien pu être favorisée par l'emploi du sel, puisque nous l'avons vu plus d'une fois exaspérer les troubles de la digestion et quelquefois les faire naître.

CLINIQUE MÉDICALE LE LA FACULTÉ.

Hôpital de la Charité.

Service de M. le professeur BOUILLAUD.

Salle Sainte Madelaine, n° 21.

N° 35.

Angine scarlatineuse. — Emploi du borax de soude, pour voir ses effets comparés à ceux du chlorate, en gargarisme. — Succès.

La nommée Péningue, Philomèle agée de 15 ans, profession blanchisseuse, demeurant rue de la Fontaine Molière, n° 33, née à Joinville (Nord), entrée le 5 juillet 1857.

Antécédents. — Aucun membre de sa famille n'a offert de maladie. Eruption contagieuse. — *Personnels.* Malade depuis deux jours, fièvre, courbature, vomissements, constipation. Mal de gorge, toux.

État actuel (5 juillet), au matin du troisième jour de la maladie déjà apparition d'une éruption sur le devant de la poitrine, sur le cou, sur la face et sur les bras. Langue rouge, fièvre vive 95. Tousse peu. Faible rougeur des yeux. Urine rouge. Insomnie. Céphalalgie. — 4. L'angine augmente, ganglions sous maxillaires tuméfiés, douloureux. Même état pour le reste. — 5. Apparition de plaques blanches sur les piliers antérieurs, sur les amygdales, leur épaisseur est peu considérable, on les enlève avec le pinceau. — 6. Tout l'isthme du gosier couvert de fausses membranes, rougeur extrême des parties environnantes. Dysphagie complète. — 7. Gargarisme : borax 4 grammes, eau d'orge 125 gram., miel rosat 15.

8. Même apparence de la gorge et dysphagie aussi intense. — 9. Dysphagie moindre, l'étendue des fausses membranes est diminuée. — 10. Elle peut avaler ses boissons sans trop de douleur. Epaisseur des fausses membranes, moins saillantes. Les bords de la fausse membrane tout décollés, çà et là cohérents mais amincis dans d'autres points. — 11. Les deux

amygdales sont détergées, les deux piliers sont encore blancs. — 12. Toute dysphagie des liquides au moins a disparue, mais l'adénite sous maxillaire du côté gauche gagne en intensité. Les piliers eux-mêmes sont complétement détergés, l'adémite passe à la suppuration. La maladie principale est en pleine desquammation. On ouvre le foyer de l'adénite sous maxillaire suppression du borax. Angine guérie après six jours de traitement par le borax.

CLINIQUE MÉDICALE DE LA FACULTÉ.

Hopital de la Charité.

Service de M. le professeur PIORRY.

Salle Saint Charles, n° 5.

N° 36.

Diagnostic Sommaire. — *Variole* compliquée de stomatite, pustules plates du palais très-nombreuses. — On donne un gargarisme avec le chlorate de potasse, 4 grammes. — Au troisième jour, diminution très-notable. — Au cinquième, effacement complet des pustules.

Le nommé Michelet, Charles, âgé de 30 ans, terrassier, demeurant à Paris, rue de la Vierge, n° 7. Né à Authelup (Meurthe). Malade depuis le 3 juin, est entré le 9 juin 1857.

Ce malade déclare que personne dans sa famille ou parmi ses camarades n'a eu de variole. Le développement en paraît donc sptontané. Il n'a pas été vacciné.

Le début remonte au 3 juin, courbature, céphalalgie très-vive, lombago, vomissements, constipation, tels sont les symptômes qu'il offre pendant les quatre premiers jours.

Le cinquième jour éruption confluente sur la face, le cou, les mains, presque nulle sur les jambes. Salivation, angine, stomatite, gonflement de la tête.

9 juin. — *Etat actuel.* — Deuxième jour de l'éruption, elle est très-abondante. La fièvre est très-ardente. Pharynx, angine vive, salivation, on voit deux ou trois boutons pustuleux sur la paroi postérieure. Palais, langue, on y voit douze à quinze

pustules, elles sont plus larges que saillantes et recouvertes d'une pellicule blanche, épaisse, dure à la pulpe du doigt. Amygdalite à gauche.

11. — *Traitement*. Outre le traitement ordinaire de la variole d'ailleurs bien expectatif on donne un gargarisme avec 5 gram. de chlorate de potasse.

12. — Rougeur un peu moindre du gosier, de la langue et des joues, un peu plus d'élasticité dans la résistance des pustules au toucher.

13. — Le ramollissement de la peau des pustules est encore plus manifeste surtout au centre, elles sont rétrécies et coniques, leur forme se rapproche de celle des pustules de la peau.

14. — Les gencives et la langue offrent un aspect blanchâtre et si l'on passe le doigt à leur surface on enlève une petite couche pultacée sous laquelle renait la couleur rose et normale de la muqueuse. Dans le reste de la bouche tous les autres symptômes, douleur, rougeur, dysphagie, ont disparu.

15. — Nous déposons sur le visage, dans le sillon naso-labial de chaque côté sur les pustules qui les occupent, quelque cristaux de chlorate de potasse que nous dissolvons ensuite au moyen de quelques gouttes d'eau qui tombent sur elles.

Le 16. — Les pustules de la bouche ont presque complètement disparu sans que pourtant il soit permis de voir les traces d'une rupture ni de l'évacuation du pus. Les pustules se sont elles vidées par absorption de leur contenu, quoiqu'il en soit elles ont disparu.

Les pustules du visage, traitées par le chlorate de potasse n'ont pas subi le moindre changement.

L'éruption générale et cutanée est elle-même bien franchement en voie de décroissance et quelques pustules se dessèchent déjà.

Suppression du chlorate de potasse.

Au résumé nous voyons que du 11 au 15 en 4 jours à peine, la pustulation buccale a disparu, que les accidents ordinaires de cette stomatite ont été bien calmées.

La forme conique prise par les muqueuses et le ramollissement de pustules semblent indiquer une action du chlorate de potasse qui favoriserait la rapidité de l'évolution des pustules sur les muqueuse.

Mais comme les mêmes pustules sont quelquefois spontanément presqu'aussi rapides dans leur marche, comme elles n'ont de gravité qu'autant qu'elles siègent au larynx où elles manquaient ici, — Nous ne voyons là rien de bien spécifique et nous faisons nos réserves contre notre médicament dans la stomatite variolique.

CLINIQUE MÉDICALE DE LA FACULTÉ.

Hopital de la Charité.

Service de M. le professeur PIORRY.

Salle Sainte Anne, n° 23.

N° 37.

Catarrhe vésical. — Carcinome de la vessie, l'utérus du vagin. — Parois antérieures du vagin avec ulcérations couenneuses. — Leucorrhée. — Chlorate de potasse, pas de modifications de ces divers éléments.

La nommée Lesourd, Marie, âgée de 68 ans, demeurant rue de Charenton n° 20, née à Paris. Entrée le 2 juillet 1857.

Antécédents de famille. — Rien de notable. — *Personnels.* — Réglée à 13 ans, pas d'aménorrhée, arrêt, à 40 ans. Depuis 2 ans, douleurs rénales. — Difficulté de marcher, puis hématurie, sanie fétide, son embonpoint a disparu, marasme. Teinte jaunâtre, un peu de diarrhée, respiration bien. Digestion bonne. Etat actuel. — 12. Etat général, marasme. Dispepsie, pas de fièvre. Pouls 64, respiration 20. — Etat local, toucher vaginal; le doigt constate une grande quantité de liquide, les linges en sont baignés, odeur fétide, paroi supérieure et antérieure dure, tendue, non plissée; çà et là saillies qui ont l'aspect et la forme des ulcérations carcinomateuses. — Col, effacé. Cul de sac, on ne sent plus les lèvres du col interne, dur. lourd, volumineux. Spéculum, ulcération du col et des parois du vagin. — Vessie, mixtion fréquente. Douleurs se prolongeant dans les reins, urines abondantes, troubles, épaisses, grumaux du mucus. Odeur très-ammoniacale, bleuie au tournesol, âcre, d'où irritation des grandes lèvres.

Le 12. — Potion, chlorate de potasse 4 grammes.

Le 13. — Urines idem, écoulement vaginal idem.

Etat général le même. — Le 15. Même état des urines en quantité et qualité; toujours glaireuses au fond du vase; on voit la couche de mucus en suspension dans le liquide, un peu moins abondante. Pas d'irritation rénale. D'ailleurs, salivation, yeux, digestion, pouls, respiration comme à l'entrée.

17. — Etat extrêmement grave; interrogée ne répond plus. Pouls filiforme innombrable, a été prise hier soir d'un accès

qui a débuté par les claquements de dents. Les urines offrent au fond un dépôt muqueux, abondant et à sa surface viennent se déposer en une couche uniforme, des grumaux de pus.

19. — Écoulement vaginal toujours fétide, aussi abondant, mais ne diffère guère en quantité de celui des premiers jours de la maladie. Les points ulcérés de la paroi antérieure du vagin ne sont pas moins irréguliers et n'ont pas fait de progrès en aucune façon vers la cicatrisation, non plus que l'ulcération du col. L'apparence opaline des urines est toujours la même, toujours une couche inférieure du mucus couverte elle-même d'une couche de pus. Pas de diurèse. Aucun autre appareil ou système n'est modifié par le chlorate de potasse.

20. — Revient un peu, pas de changement.

22. — État général grave, pouls filiforme 70, respiration 26, urine rare.

23. — Adynamie, délire, mort prochaine, même état des ulcérations vaginales. Suppression du chlorate.

24. — Toujours même état grave. — 28. Mort, pas d'autopsie.

Le chlorate de potasse n'a pas diminué la présence des mucosités et de pus qui abondaient dans les urines, non plus que l'écoulement vaginal, les ulcérations cancéreuses ont laissé écouler une égale abondance de sanie fétide, enfin nous ne savons s'il est pour quelque chose dans la rapidité des accidents qui ont amené la mort, nous ne le croyons pas.

CLINIQUE MÉDICALE DE LA FACULTÉ.

Hôpital de la Charité.

Service de M. le professeur PIORRY,

Salle Sainte Anne, n° 19.

N° 38.

Calculs vésicaux d'acide urique. — Incontinence d'urine. — Catarrhe vésical; rien n'est modifié par le chlorate de potasse. — Injections d'eau aussi efficaces qu'une solution chloratée.

La nommée Frémont, Madeleine, âgée de 60 ans, sans profession, demeurant rue Contrescarpe-Dauphine 8, née à Tillières (Eure). Entrée le 19 mai 1857.

Antécédents de famille. — Rien de relatif à la diathèse urique. *Personnels,* première enfance, impetigo nasal, coriza chronique jusqu'à 15 ans; deuxième enfance, variole. Réglée à 16 ans, pas d'interruption depuis, quelques leucorrhées. Mariage 5 grossesses. Après toutes ces grossesses n'avait pas encore d'incontinence. 1848. Début des accidents vésicaux, rétention d'urine. Ténesme vésical. Douleurs, urinait par regorgement. Hématurie,, quelques graviers uriques rendus. 1849. Commencement du catarrhe, quelques glaires qui causent des rétentions momentanées. 1850. Catarrhe bronchique. Toux fréquente, vomissement, elle rendait des pelotons de mucosités. Cet état dure jusqu'en juillet 1854. A cette époque, nouvel accident dû aux calculs : Rétention absolue, subite, on sonde. Cathérisme renouvelé. On en constate plusieurs par un cliquetis particulier perceptible pour la malade elle-même. Bains : calculs rendus dans les bains au nombre de 8.

Décembre 18. — Elle voit encore quelques graviers qui deviennent très-nombreux au moindre excès de table, de fatigue.

19 mai 1857. — *Etat actuel.* — Depuis 1856 comme aujourd'hui, tous les anciens symptômes persistent. Catarrhe, urine mucopurulente rare, aisément décomposée rendue avec douleur, chargée d'acide urique, tenesme, incontinence. Excoriation de la vulve. Douleurs de vessie transmise au périné, douleurs pendant la défécation, catherisme. Pas de calculs de la vessie, mais toujours quelques graviers dans l'urine, pas de fièvre, pas de toux, plus de vomissements muqueux, traitements antérieurs demeurés insuffisants. Eaux lithontriptiques, tisanes diurétiques, pilules de térébentine, purgatifs réitérés, injections d'eau de goudron, émollientes. — 21 mai. On ordonne des bains sulfureux, potion chlorate de potasse 4 gr., 2 portions. — 22. Urine, on ne peut en préciser la quantité car elle urine dans son lit et rend malgré elle pendant les selles. Dépôt de mucus filant et de pus convertis en gelée par l'ammoniaque. — 24. *Bouche,* salivation nulle, salive acide, les dents offrent un dépôt de tarte très-fort, muqueuse bien nette, respiration, pas de toux, pas de dyspnée, pas d'expectoration. — 22. Digestion, estomac, pesanteur, faim un peu augmentée, quelques coliques, pas de constipation ni de diarrhée. Urines alcalines moins rouges qu'hier, chargées d'acide urique. Pas d'albumine par le liquide de Bareswill, légère réduction jaune, glaires extrêmement abondants et filants comme une membrane tenant tout d'une pièce si bien qu'en transvasant l'urine dès qu'on est arrivé au dépôt, il coule en une seule nappe cohérente depuis le commencement jusqu'à l'épuisement complet du dépôt. Par l'ammoniac la fausse

membrane ne se liquifie pas à froid ni à chaud, la quantité est un peu augmentée. Circulation, pouls 58. *Cœur*, pas de bruit anormal à la base du cœur. Respiration 24, sueurs aucunes. — 26. Même état. Le mucus loin de diminuer a augmenté du double, l'urine est un peu plus pâle qu'hier. Vessie, démangeaison extrêmement vive, surtout au commencement et à la fin de la mixtion. Douleur, mais dans l'urètre seulement. Elle n'urine plus le jour dans son lit. — 31 mai. Même état. Mucus aussi abondant et formant toujours sa membrane continue ressemblant à l'amnios. — 1er juin. Hématurie. Urines abondantes mais incontinence, d'où perdues dans le lit, très-alcalines, albumine, mais le sang de l'hématurie. Digestion, bouche, gencives toujours les mêmes. Rougeur du liséré des gencives. Circulation, pas de fièvre, pouls 58 peu volumineux, respiration 22, température normale, froid aux pieds continu, mouche mieux que d'habitude, pas d'hypersécrétion nasale. — 5. Les modifications ne sont pas assez notables on prescrit : injection dans la vessie avec eau 150, chlorate de potasse 3 gr. Suppression de la potion au chlorate, il n'a produit aucun effet sur l'abondance du muco pus ni du gravier. — 6. Injections, la vessie a peu de capacité, nécessite de faire l'injection en deux fois, à la deuxième fois la capacité est doublée. — 7. On laisse sortir l'injection par le canal et non par la sonde comme la première fois. Elle se plaint de beaucoup de douleurs dans le canal; elle garde l'injection pendant vingt minutes. Urines plus claires, moins jaunes, moins rouges, mais toujours la fausse membrane de mucus, quelques petits graviers du volume d'une tête d'épingle. Développement de quelques antécédents généraux. — 8. Se plaint de douleurs plus vives dans la vessie et l'urètre. Urines idem, ni plus ni moins chargées, a eu de l'incontinence toute la nuit, se plaint de maux d'estomac, appétit normal, ne sue pas, pouls 76, respiration 24. Examen des urines. Réaction toujours alcaline. Odeur ammoniacale fortement, par le liquide de Bareswill, pas de réduction. Le mucus simule assez bien par sa coloration jaune un dépôt ressemblant au précipité de sucre. L'acide nitrique et la chaleur augmentent seulement le nombre des flocons de mucus qui nagent déjà dans le liquide. — 13. Urine : toujours quelques graviers d'acide urique, les glaires ont diminué, retient les urines le jour, mais pas encore la nuit. Elle prend des bains simples, un tous les deux jours, d'une heure chaque, mieux sensible. Au microscope on trouve quelques globules de sang. — 14. Urine plus claire, glaires toujours aussi abondants, se plaint de douleurs d'estomac. Retient très-bien, mais il faudrait voir si avec une injection d'eau simple on n'aurait pas la même amélioration. On fait des injections d'eau simple. — 15. L'urine contient toujours une grande quantité de mucus et de sang. Indigestion due à un bain trop rapproché du repas. — 16. Le mieux des urines qui sont devenues incolores et la rétention volontaire des urines, engage à croire que les injections d'eau froide simple produiraient aussi bon effet que les injections médicamenteuses. — 17 Les suites de l'indigestion se continuent : fièvre. — 18 idem. On emploi les injections d'eau simple, plus deux pots de tisane de chiendent. — 19. Malgré le changement de la nature de l'injection, l'urine demeure aussi pâle et les glaires sont un peu diminués. Les injections par l'eau simple les recueillent mieux. — 20. Même état d'amélioration soutenue. Suppression. Exeat. Ainsi, les potions n'ont amené aucune amélioration du catarrhe vésical ni diminution des graviers d'acide urique. Les injections chloratées ont amené quelques soulagements, mais l'eau simple a produit les mêmes effets.

CLINIQUE MÉDICALE DE LA FACULTÉ.

Hôpital de la Charité.

Service de M. le professeur BOUILLAUD.

Salle Saint Jean de Dieu, n° 9.

N° 39.

Albuminurie anasarque. — Epaississement des valvules sans altération marquée des orifices du cœur. — Emploi comme modificateur rénal, comme dentifrice. — Effets plus que douteux sur les reins, certains sur les dents et les gencives.

Le nommé Simon, âgé de 36 ans, profession cordonnier, demeurant à Paris, cours du Commerce, 25, né à Bar-le-Duc, malade depuis le mois de mai 1851. Entré le 9 avril 1857.

Antécédents de famille, n'ont aucun rapport avec son affection actuelle. — *Personnels.* De tout temps très-sujet aux rhumes, santé excellente d'ailleurs jusqu'à la fin de son congé comme militaire. Jamais de fluxion de poitrine. Pas de rhumatisme articulaire.

Mai 1851. — Début de la maladie principale, néphrite

aiguë. Douleurs dans les reins, jamais même au début du sang dans l'urine. — A peu près à cette époque, œdème général; ne peut en préciser le début soit par les jambes soit par le visage. Il toussait beaucoup; Dyspnée, et les médecins lui ont dit alors qu'il avait un œdème de poumon [illegible] plus que d'habitude, toutes les deux heures se réveillait la nuit pour uriner. Ses urines étaient mousseuses. Plus tard diminution de la vue [illegible] et de l'ouïe du même côté. Cependant digestions [illegible] très-bonnes. Pas de convulsions. — 25 octobre 1856, Entré dans le service de M. Barth, à Beaujon. Il avait un essoufflement extrême. Crachats abondants. Il y resta cinq mois, en sort bien amélioré en mars 1857 [illegible]

— 9 avril 1857. — État actuel : paupières très [illegible] Visage gonflé. Vue très-faible de l'œil droit; le gauche commence à se brouiller, éblouissements, marche [illegible], essoufflement extrême, respiration pénible au sommet, en avant; silencieuse en arrière où il se mêle quelques bulles de râle sous-crépitant et fin. Cœur [illegible] dans [illegible] par le bord du poignet que le rencontre. Rudesse des bruits annonçant un épaississement des valvules. Le foie ne paraît pas plus volumineux qu'à l'état normal. La digestion bonne, pas de diarrhée. Urines sept fois en douze heures, mousseuses, blanches, pâles, contiennent les canaux urinifères microscopiques et tous les signes propres à l'urine dans l'albuminurie chronique.

Le 18 mai il prend une potion gommeuse avec chlorate de potasse 4 gram. — 19, le lendemain, l'urine contient autant d'albumine, mais n'est pas plus abondante. Les jambes n'ont pas changé de volume, toujours très [illegible]. La face non plus. — Du 20 au 30, pas la moindre modification dans l'état de l'urine ni dans les fonctions des divers appareils. — Le 2 juin, on lui supprime le chlorate. — Le 3, on le reprend en gargarisme, afin de modifier l'état des gencives et des dents qui sont très-noires. Gargarisme, chlorate 8 grammes, pour eau 250. — Le 5. Les dents sont toujours noires et recouvertes d'un enduit pultacé, assez solide que le frottement ne fait pas disparaître. Le malade fait suivre chaque gargarisme de quelques frictions sur les dents avec un linge [illegible] — Le 7. Toujours plaques blanchâtres sur les gencives [illegible] noires comme avant le chlorate. — Le 11. Les dents [illegible]. Le 16. Les dents sont un peu moins noires. [illegible] complètement nette, la muqueuse buccale est toujours couverte d'une teinte blanchâtre qui semble aujourd'hui le résultat de l'action du chlorate, comme topique, et que nous avons [illegible] bien des fois sur les malades soumises au même gargarisme. — 17. On remplace le gargarisme par une potion [illegible] grammes. L'état général est celui déjà constaté le jour de l'entrée. L'urine est toujours très albumineuse et aussi abondante. — Le 18. Pouls 76, Respiration 24. Sueurs la nuit mais température du dehors très-élevée. Dents toujours aussi noires. Gencives bien saines. Urine toujours aussi abondante et albumineuse. Pas de diurèse. Digestion, très-bonne, appétit augmenté. Pas de diarrhée, c'est-à-dire que l'économie semble encore ici parfaitement impassible devant le chlorate et la dose de 4 grammes. — 19. Dents toujours noires, appareils idem. — 20. Idem, urine toujours très-albumineuse, toujours œdème des jambes moindre. — 21. Etat général très-satisfaisant, dents moins noires. — 22. Les dents inférieures sont évidemment plus blanchâtres, l'incisive droite supérieure est moins noire. — Du 26 au 30. Les dents sont presque complètement blanches. — 5 juillet. Les urines sont infiniment moins albumineuses. L'état général du malade est très-satisfaisant.

La diminution de l'albuminurie peut-elle être considérée comme l'effet du remède, nous pensons qu'il y aurait là un violent abus du *posthoc ergo propter hoc*. L'amélioration du malade est le résultat de son hygiène aussi vraisemblablement que du chlorate. D'ailleurs ce malade raconte qu'il a eu cinq ou six améliorations successives dans lesquelles le chlorate jusque là inusité ne pouvait être accusé d'insuccès.

CLINIQUE MÉDICALE DE LA FACULTÉ.

Hôpital de la Charité.

Service de M. le professeur PIORRY.

Salle Saint-Charles, n° 20.

N° 40.

Phthisie au début, forme lente. — *Bronchorrée.* — Iodure de potassium, effet comparatif plus avantageux que celui du chlorate.

Le nommé Chaumé, Léon, âgé de 25 ans, tourneur en cuivre, demeurant quai Jemmapes, n° 246, cinquième arrondissement, né à Paris, malade depuis le 17 juillet 1856. Entré le 26 mai 1857.

Antécédents de famille. — Père mort à 78 ans, de vieillesse

CLINIQUE MÉDICALE DE LA FACULTÉ.

Hôpital de la Charité.

Service de M. le professeur BOUILLAUD.

Salle Sainte Madelaine, n° 5.

N° 41.

Emphysème. — Asthme. — Bronchite aiguë généralisée, greffée sur un catarrhe chronique. — Expectoration extrêmement abondante. — Emploi du chlorate de potasse. — Succès fort douteux. — Angine glanduleuse.

La nommée Benait, Hortense, âgée de 38 ans, profession cartonnière, demeurant rue de Nantes n° 26, à La Villette. Entrée le 27 juillet 1857.

Antécédents. — Habituée aux rhumes tous les hivers, traitée déjà une fois à la Pitié pour cause de bronchite, essoufflement remontant à une date très-ancienne. Expectoration habituelle.

Début. — Malade chez elle pendant 15 jours, pas de traitement, mêmes symptômes qu'ici, et spécialement crachement très-abondant.

Etat actuel. — 27 juillet. — Dyspnée extrêmement intense d'où orthopnée presque complète. Râles sous crépitants dans toute la poitrine, respiration 22. Expectoration très-abondante. Pouls 100. Cœur, impossible presque d'entendre ses battements, car il est recouvert par les bords du poumon, pas d'appétit : signes d'angine glanduleuse. Injection arborisé, granulations. Gengivite chronique causée par le mauvais état de quelques débris de dents. Expectoration extrêmement abondante. — 28. Traitement, nombreux vésicatoires, en avant et en arrière de la poitrine de chaque côté.

30. — La salivation continue. Potion au chlorate de potasse. — 3 août. Même expectoration muco-purulente, elle remplit comme avant le chlorate, les trois quarts d'un crachoir à bords très-élevés. Angine glanduleuse, même état. — Urine, même abondance, même réaction chloratée. — Le 5. Elle a rempli le quart du crachoir, elle distingue assez bien les crachats qui ont leur source dans le pharynx, il lui semble en même abondance de ceux qui viennent des bronches, lesquels sont bien abondants encore, mais un peu diminués. Ces crachats sont blancs, visqueux, adhérents, pas de salivation, pas

d'hyersécrétion nasale, urinaire. Pouls 80, respiration 22. — Le 9, elle a bien moins craché. Angine même état. Pouls 80, respiration 24. — Le 10, diminution du crachement encore plus notable.

Quelle est la part du chlorate dans cette maladie, dix jours à l'hôpital, 15 jours de soins à domicile, soit 25 jours de maladie et voici encore 130 gr. de crachats visqueux. Au début on en trouvait 250 environ. Peut-on conclure de cette différence de moitié autre chose que ce qui suit :

La diminution de l'expectoration peut bien être ici imputée normalement à la diminution spontanée de la congestion inflammatoire des bronches, combattue elle-même, avec assez d'énergie par de nombreux vésicatoires.

CLINIQUE MÉDICALE DE LA FACULTÉ.

Hôpital de la Charité.

Service de M. le professeur BOUILLAUD.

Salle Saint Jean-de-Dieu, n° 21.

N° 42.

Bronchite chronique avec expectoration abondante.—Blennorrhagie.— Chlorate de potasse. — Utilité fort douteuse.

Le nommé Noël, Henri, âgé de 37 ans, profession : lithographe, demeurant rue Beaurepaire, n° 21, né à Argentan (Orne). Entré le 28 avril 1857.

Antécédents personnels. — Gourmes dans son enfance, angelures aux pieds, aux mains, aux oreilles ; variole à 12 ans ; scarlatine à 24 ans.

Avril 1856. — *Début* de la maladie catarrhale. Il toussait depuis très-longtemps tous les hivers sous l'influence du plus léger froid. Expectoration habituelle, abondante. Blennorrhagie vers la fin d'avril, souffrances très-vives en urinant, érections nocturnes, pas d'engorgements ganglionnaires.

28 avril. — *Etat actuel.* — Toux fréquente, râles humides dans toute la poitrine. Expectoration muco-purulente. Pouls 75, respiration 24, copahu 30 gr. par jour. — 6 mai. Expec-

toration moindre, dyspnée nulle. Respiration 24, râles aussi humides et aussi abondants. — Blennorrhagie non encore amendée sous l'influence du copahu, on en élève la dose à 40 grammes par jour. — 7. Potion au chlorate de potasse 4 grammes. On supprime le copahu parce qu'il produit la diarrhée. Les jours suivants, la dyspnée se calme de plus en plus et l'expectoration ne paraît pas moins abondante. La blennorrhagie ne varie pas. L'urine versée dans un vase de trente-deux centimètres de circonférence le remplit en vingt-quatre heures, jusqu'à une hauteur de 0, 17 centimètres, réaction neutre. — Le 18 mai, en vingt-quatre heures, l'urine remplit un bocal de 38 centimètres de circonférence sur 0, 20 de hauteur.

20. — Expectoration est moindre de beaucoup. L'écoulement se compose à peine de quelques gouttes. — 22. La dose de chlorate est portée à 6 grammes, il tousse moins, expectoration assez facile, moins douloureuse, pas d'irritation des bronches, râles secs. Blennorrhagie: coule toujours, se plaint de douleurs cuisantes en urinant, mais la blennorrhagie dure maintenant depuis trois semaines. L'urine contient du chlorate et en même temps de l'acide urique en abondance. Il a bu autant que ces jours derniers, il urine le tiers en moins. Pouls 64 66, respiration 24.

Ni diarrhée, ni constipation.

Le 23. — Urine en vingt-quatre heures, il remplit un bocal de 0, 34 centimètres de circonférence, sur 0, 18 de hauteur. Au fond de chaque vase une grande quantité de mucus. — Le 24. La dose du chlorate est portée à 8 grammes, respiration 24. La toux est redevenue un peu fréquente, cependant expectoration assez rare, les crachats ont encore les caractères propres aux catarrhes. Blennorrhagie, il urine sans douleur. Encore un écoulement uréthral; par la pression il fait jaillir encore du pus, adenite, on constate dans l'aine un engorgement ganglionnaire chronique, mais sa situation externe montre qu'il appartient à une lésion étrangère aux organes génitaux.

On lui ordonne incidemment un gargarisme au chlorate de potasse à 5 p. 0|0, par erreur le malade le prend pour une injection et en pousse une certaine quantité dans l'urètre. — 25. Cette injection ne modifie pas l'écoulement et ne cause pas non plus la moindre douleur. Sueurs abondantes, pouls 60, urine plus abondante. — Le 26. Injection dans le canal de l'urètre, avec sulfate de zinc. — 27. Suppression du chlorate de potasse à l'intérieur, ses effets n'avaient pas été notables; en gargarisme, et il a modifié notablement les gencives qui ont perdu leur apparence fongueuse et saignante.

Antécédents de famille. — Rien de notable. — *Personnels.* Depuis l'enfance jusqu'à 15 ans, gourmes extrêmement tenaces et abondantes, opthalmies nombreuses occupent de préférence le bord siliaire, pendant l'hiver, toux fréquente, expectoration très-abondante. 1828. Syphilis, ulcération du gland, bubons inguinaux, accidents secondaires, roséole; pas sujet aux rhumatismes. Pityriasis du cuir chevelu, angine tonsillaire et gutturale fréquente. Signes évidents d'angine glanduleuse, crachats muco-purulents ayant leur source dans le pharynx, toux gutturale fréquente, sèche et représentant le hem des Anglais, enrouement. Blepharite ciliaire déterminant la chute de quelques cils et présentant des points blanchâtres que le malade essayait d'enlever avec ses doigts, larmes. Enchiffrement continuel, écoulement abondant du mucus nasal, traité sans succès depuis longtemps.

Début. — 12 mars 1857. — Il est pris de nouveaux accidents syphilitiques, la bouche présente dit-il des ulcérations avec bords taillés à pic et dont le fond n'est pas gris cependant. Quelques ulcérations recouvrent les amygdales, la face postérieure des lèvres et surtout leurs commissures.

Dysphagie. Il reste quinze jours dans cet état. Le 20 mars dernier, après consultation on lui ordonne le traitement antisyphilitique et notamment des pilules de proto-iodure de mercure à dose de 5 centigrammes, par jour. A la quatrième pilule les accidents de la bouche s'exaspèrent, il crache plus que de coutume, il continue le traitement, s'aperçoit que de nouvelles ulcérations ont recouvert les lèvres, les gencives, les joues et la langue dans des points où elles n'existaient pas avant le traitement mercuriel, le tout pendant que les ulcérations anciennes n'avaient été modifiées en rien dans leur caractère primitif.

Le 27 avril, il entre à l'hôpital de la Charité, on suspend le mercure, on combat la conjonctivite avec un collyre opiacé, le larmoiement subsiste. On emploi le chlorate de potasse en potion 4 grammes. La stomatite mercurielle diminue, on reprend les pilules mercurielles, et la stomatite mercurielle augmente, il sort pour entrer dans le service de M. Piorry. Lichen syphilitique.

Etat actuel. — Yeux présentent de la rougeur du bord ciliaire, quelques cils manquent çà et là ; autour de quelques cils, on voit des points blanchâtres diphthéritiques. La conjonctive est rouge et recouverte d'une couche blanchâtre dans les points correspondants aux deux cartillages tarses. Epiphora continuel. Les narines offrent une muqueuse rouge, tuméfiée, la voix est nasonnée, un mucus clair et abondant coule de chaque côté, il est arrêté par la bouche qu'il baigne. Bouche offre une plaque de fausse membrane sur les deux amygdales, sur la commissure des lèvres, sur leur face postérieure on voit un chapelet d'ulcérations pseudo-membraneuses. Salivation. Quant à la langue, elle apparait avec un aspect et des pertes de substance toutes distinctes de celles du reste de la bouche et qui répondent exactement à la description qu'en a faite le malade dans les antécédents.

La région parotidienne est tuméfiée, rouge et présente un point ramolli. Poumons, râle muqueux, expectoration peu abondante, 22 respirations par minute. Pouls 64, urine très-peu abondante, pas de traces du chlorate.

1er juin. — Potion avec chlorate de potasse 4 grammes — 2. Bouche, même état, aucune modification générale locale.

3. — La salivation est diminuée, la couche pseudo-membraneuse est diminuée elle-même, surtout au niveau des lèvres, région parotidienne, formation d'un abcès, issue du pus d'abord, de salive ensuite. Dans cette salive pas de traces de chlorate de potasse. Epiphora toujours le même; coryza, écoulement aussi abondant, salivation moindre, angine glanduleuse, même mucosité, urine, présence du sel, même quantité.

4. — Toutes les ulcérations sont en partie détergées de leur fausse membrane. L'état de la langue est toujours le même, ulcération à fond rouge, mal, gencives, ulcération membraneuse de la sertissure. Toutefois les gencives sont moins violettes, la fistule salivaire semble cicatrisée, mais ce n'est là qu'une pure apparence. En effet, formation d'une saillie fluctuante d'où jaillit une salive limpide à la pression. Pas de chlorate de potasse (faut-il en accuser notre procédé ou nos réactifs).

Pouls 66, respiration 24. Yeux idem. Ecoulement nasal toujours très-abondant, on voit sortir des deux narines en deux colonnes transparentes de mucus qui s'étalent sur la moustache. Pas de traces de chlorate de potasse.

5. — Toutes fausses membranes disparues à l'exception de celles des bords ciliaires et de la face profonde des paupières; toutefois l'élément ulcération subsiste dans toute son intégrité. L'angine glanduleuse n'a pas varié comme signe fonctionnel ou physique; urine pas plus abondante, réaction spécifique.

6. — Les ulcérations de la bouche sont dans le même état, tout le reste est comme la veille.

7. — Traitement. On maintient le chlorate de potasse, cautérisation avec le nitrate d'argent des ulcérations autrefois membraneuses de la bouche, collyre au sulfate de zinc.

8. — Ulcération plus rouge vif, celle des commissures n'ont

pas varié. La salivation qui avait disparu depuis quelques jours est revenue par suite d'une irritation causée par le nitrate d'argent. L'urine semble plus abondante, il est vrai qu'il déclare avoir bu de la tisane du malade son voisin, cependant nous observons au fond du vase des grains très-nombreux que le microscope nous montre comme étant formés d'acide urique. Nous soumettons ces cristaux à l'action du chlorate de potasse en solution concentrée et nous les retrouvons 8 heures après dans le même état. Même état des yeux. Epiphora diphtérite, pas de sécheresse des bronches, ni d'expectoration bronchique augmentée. Pouls 60, respiration 22.

9. — Même quantité d'urine, mêmes cristaux d'acide urique, les yeux sont mieux, le collyre a eu plus d'effet que l'emploi interne du chlorate.

La bouche depuis l'emploi du nitrate d'argent offre quelques ulcérations voisines de la guérison surtout à la joue gauche, même état de coryza. — 10. Nous appliquons quelques cristaux sur les points qui demeurent ulcérés, ils causent des douleurt cuisantes au malade, les yeux sont améliorés et le larmoiemen subsiste cependant. Le malade se plaint de douleurs au pharynx. Celui-ci paraît en effet couvert d'arborisations et de granulations saillantes, le malade dit qu'il rend toujours des mucosités venant du gosier, mais à l'examen du sel nous n'en apercevons plus comme au début tapissant en partie la paroi du pharynx. Le reste même état. — Nous plaçons quelques cristaux sur les diverses ulcérations. — 11. Les points qui ont été couverts de poussière de chlorate sont moins visibles, leur fond est recouvert d'une teinte opaline rapppelant la couleur des muqueuses macérées par le vinaigre. Les douleurs dont se plaignait le malade et qui lui causaient des sensations d'arrachement sont bien diminuées, il n'est plus comme les jours derniers, obligé de manger des aliments liquides. — Les yeux sont un peu mieux, mais toujours des larmes, coryza comme au début, angine glanduleuse, même rougeur et sécheresse de la veille, urine, même quantité.

12. — Toujours même gravier d'acide urique, la bouche semble être parvenue au degré de guérison dont la lésion est capable au moins avec notre sel, même employé en cristaux; en effet ceux-ci déterminent une irritation et par suite une sécrétion salivaire momentanée laquelle semble effacer les progrès de la pellicule cicatricielle en voie de formation. Cependant il est clair pour nous, que chez ce malade l'action des cristaux a été plus favorable que les potions au moins pour ce qui est des ulcérations. Tout le reste même état. — 14. La bouche n'est pas complétement guérie, bien que le chlorate ait été employé à l'intérieur comme topique, après

tout, le malade déclare que depuis la suppression des pilulles et l'emploi de notre sel il ne s'est jamais trouvé aussi près de la guérison. Le mieux est en effet [illegible], les deux ulcérations principales de la lèvre supérieure offrent une surface cicatrisée de moitié [illegible] des bords. — La langue seule conserve sur la face dorsale une large perte de substance d'épithélium qui remonte au développement de la syphilis et qui [illegible] il faut le dire n'a pas varié d'un millimètre ; en un mot [illegible] l'élément mercuriel a presque complétement disparu à l'exception des ulcérations de la lèvre supérieure et des commissures dont la persistance témoigne un peu de l'efficacité du chlorate dans les ulcérations de la bouche. Son inefficacité est également démontrée dans les ulcérations buccales au moins de nature [illegible] ne [illegible] varie pas.

Jusqu'au 20, aucune modification [illegible] un julep avec 2 grammes d'iodure [illegible] pour 120 [illegible] ce traitement n'agit pas plus heureusement que le chlorate de potasse. — En effet, pendant huit jours, nous n'apercevons pas de modification notable par suite de ce traitement et le malade sort le 28 dans l'état suivant : La langue est comme, à l'entrée du malade, la lèvre supérieure, et la lèvre inférieure offrent chacune deux ulcérations d'un centimètre [illegible] très-superficielles d'ailleurs, les gencives [illegible] elles présentent de la [illegible] alvéolo-dentaire [illegible] noires, les yeux toujours [illegible] le même, coryza, même état [illegible] tion 20.

Ainsi la blépharite [illegible] ulcéreuse, [illegible], le lichen syphilitique, [illegible] piration, la quantité d'urine n'ont pas changé, l'ulcération mercurielle a résisté malgré une réelle amélioration, la salivation, la stomatite mercurielle et les fausse-membranes ont seules été modifiées.

CLINIQUE MÉDICALE DE LA FACULTÉ.

Hôpital de la Charité.

Service de M. le professeur BOUILLAUD.

Salle Sainte Madelaine, nº 4.

Nº 44.

Syphilis, exostoses. — Emploi du mercure, stomatite mercurielle survenant malgré l'emploi simultané du chlorate de potasse après 20 jours de traitement, mais intensité de cette stomatite très-modérée : en outre, mercure employé à dose progressive, celle du chlorate de potasse demeurant toujours la même. — En somme, stomatite mercurielle prévenue, reculée et très-atténuée lors de son développement.

La nommée Chauroux, Marie, âgée de 44 ans, blanchisseuse, demeurant à Paris rue de l'Arbre-Sec, nº 66, 4ᵉ arrondissement, née à La Bazoche (Sarthe).

Entrée le 9 juin 1857.

Antécédents. — Personnels. — Trois grossesses successives, chaque enfant porte un omphalocèle. Jamais au lit depuis sa dernière grossesse. N'a jamais eu de douleur en aucun temps de sa vie ; n'est pas sensible au froid, n'a pas habité de logement humide, mais se mouillait beaucoup à cause de son métier de blanchisseuse ; n'a jamais vu en blanc à aucune époque de sa vie, n'a jamais eu d'écorchures : mais elle avoue des rapports à la suite desquels accidents locaux du côté de la vulve.

Juillet 1856. — *Début de la maladie.* Les rapports sexuels avaient eu lieu dans le mois de juillet, et elle est prise peu de temps après de douleurs dans toutes les articulations du genou, des chevilles des pieds, des épaules, du coude et cependant pas la moindre fièvre, leucorrhée coïncidence.

Traitement antérieur, — friction camphrée.

Novembre 1856. — Au mois de novembre, mains envahies, les doigts gonflent au niveau des petites articulations ; ce gonflement se faisait sans rougeur. Douleurs très-vives la nuit.

Janvier 1857. — Eruption de boutons sur les bras et les jambes. — Après deux mois de durée les boutons se guérissent en laissant à leur place des traces assez noires. — Au milieu de tous ces symptômes, pas de troubles des divers appareils. Céphalalgies nocturnes très-intenses, réveillée en sursaut.

Chute des cheveux. Développement d'adénites cervicales. — Pas d'ulcérations buccales.

19 Janvier. — Entrée à la Pitié chez M. Bernutz. 1 gramme de teinture d'iode dans un grand verre de vin de Bordeaux. — Bains sulfureux, elle ignore le reste du traitement, séjour de six semaines à l'hôpital. — Elle se plaignait d'enflures des chevilles, des orteils, des doigts, impossibilité de marcher, de coudre. — Elle entre à l'hôpital.

Etat actuel au 9 juin 1857. — Taches sur les avant-bras consécutives à une éruption ancienne. Etat local. Douleurs syphilitiques nocturnes très-mobiles, pas de saillies, pas de croûtes dans les cheveux. Cou, adénite cervicale postérieure et latérale à gauche surtout au niveau de la moitié du sterno-mastoïdien. Clavicule, tibias, pas d'exostose. — Doigts, main droite, annulaire et médius gonflés au niveau de l'articulation de la première et la deuxième phalange. — Poignet, face dorsale, tuméfaction. A gauche index médius tuméfié au même niveau. Empâtement au niveau de l'apophyse styloïde du cubitus face postérieure. Tuméfaction au niveau de l'apophyse styloïde du radius face antérieure. — Digère bien, pas de diarrhée, pas de salivation, pas de stomatite. — Pouls 60. — Respiration 26, souffle à la base du cœur, un peu de chlorose.

Le 12 juin — 2 pilules de protoïodure de 0,05 chaque. Julep au chlorate de potasse 4 grammes. Bains sulfureux. Teinture d'iode en frictions sur les jointures malades. Pas de stomatite jusqu'au 14 juin, où les pilules sont portées à 3 par jour. Cette malade ne trouve pas que ses céphalalgies soient moindres, — non plus que les tumeurs articulaires.

14 Juin. — 3 pilules par jour jusqu'au 22 juin. — Pas de salivation, pas de modification dans les muqueuses buccales, pas de diminution des tumeurs des doigts ni des pieds.

22 Juin. 4 pilules soit 0,20 au total, pas de stomatite, ni de salivation jusqu'au 26 juin.

26. — La salivation paraît, le tiers d'un petit crachoir, à peu près 4 cuillerées à bouche. — Les gencives inférieures sont ulcérées légèrement d'une étendue de 0,015. — Pas d'amélioration des symptômes. Toujours céphalalgies nocturnes. — 27 et 28. Même dose de 4 pilules, les épaules qui étaient libres se prennent et empêchent les mouvement du bras. — 29. Suppression du chlorate. — Pilules toujours 4. — 30. La stomatite n'a pas fait de progrès, elle ne salive pas davantage. — 1er Juillet, pas de changement. — 2. Elle salive plus, elle ne prend plus son chlorate, mais l'ulcération de la gencive inférieure semble avoir gagné, en dehors, de chaque côté de la largeur d'une dent. L'ulcération était bornée hier à la largeur des deux dents incisives inférieures. Elle correspond aujour-

d'hui aux 4 incisives. Les pilules sont toujours au nombre de 4. — Cette nuit, la salivation a été tellement intense que la moitié du crachoir de la malade est plein. Faut-il en accuser la malade qui nous a semblée réfractaire, ou l'insuffisance de la dose du chlorate. 6 cuillerées de salive soit environ 150 grammes, voilà une preuve évidente de l'insuccès de notre médication favorite. On suspend les pilules et on continue le julep chloraté. Cette fois on le fait prendre devant soi. — 5. Disparition de la salivation, on continue le chlorate. Gencives mieux. — 6. L'élément ulcéro-membraneux subsiste toujours. — Du 6 au 9. Rien de notable, le liseré des gencives est toujours grisâtre — le reste est guéri. — Le 11, toute la bouche est normale et saine, à l'exception des gencives dont le bord libre est un peu modifié.

13. — Les gencives inférieures sont légèrement rouges et leur liseré ulcéré au niveau des incisives moyennes. Il résulte de tout ce qui précède, que le chlorate a empêché l'action du du mercure contre la bouche pendant un espace de 20 jours et si la salivation est survenue, n'est-il pas permis d'en accuser la médication de la dose du chlorate qui reste toujours à quatre grammes. Ces faits touchent sussi à la question de savoir si le chlorate arrête l'effet du mercure contre la syphilis. Il est évident que nous avons ici obtenu peu d'effets, mais nous sera-t-il permis de dire que le rhumatisme était sans doute pour quelque chose dans la maladie actuelle.

Quoiqu'il en soit, la vertu prophylactique du chlorate eu égard à la stomatite mercurielle reçoit ici une nouvelle confirmation.

Ainsi, suppression du chlorate et exacerbation de stomatite, influence du mercure continué seul.

Le chlorate ne peut rien à lui seul contre la gengivite ulcéreuse du bord libre.

Le retour de la salivation après la reprise du chlorate pourrait faire croire à l'impuissance du sel, mais dans le cas actuel, il est permis de douter que le médicament ait été pris avec exactitude.

CLINIQUE MÉDICALE DE LA FACULTÉ.

Hopital de la Charité.

Service de M. le professeur BOUILLAUD.

Salle Sainte Catherine, n° 6.

N° 45.

Accidents syphilitiques. — Douleurs ostéocopes s'étendant sur toute la moitié de la face, adenite cervicale postérieure. — Antécédents syphilitiques évidents. — Chlorate de potasse, efficacité contre une *stomatite mercurielle* incidente. — Impuissance du chlorate de potasse aussi bien que du mercure, contre les douleurs syphilitiques.

La nommée Valin, Appoline, âgée de vingt-huit ans, piqueuse de bottines, demeurant rue de la Chapelle, 6, à la Villette, née à Paris, malade depuis deux mois. Entrée le 22 mai 1857.

Antécédents de famille. — Aucun accident syphilitique héréditaire vraisemblable. Elle est séparée depuis 3 ans de son mari, syphilis chez ce dernier, très-vraisemblable. Pas d'enfant.

Personnels. — Etat chloro-anémique depuis l'âge de 10 ans, pas de phénomènes hystériques pouvant expliquer la douleur vive de la tête, réglée à onze ans, dysménorrhée depuis ce temps, mariée à 18 ans, leucorrhée abondante, pas de maladie syphilitique dont elle ait reconnu le début.

Mars 1857, — Début de la maladie principale, céphalalgie frontale s'étendant à droite sur la région de l'oreille, pas de tumeur sensible, pas d'alopecie, adenite cervicale postérieure, pas de tuméfaction du tibia, ni des différents os superficiels, pas d'éruption à la peau, pas d'angine, pour elle, elle nie tout antécédent syphilitique.

Etat actuel. — Tous les symptômes des antécédents sont confirmés par notre examen. C'est une femme brune, pâle, nerveuse, chétive, offrant tous les attributs de la chlorose, on ne trouve pas de traces matérielles de syphilis, mais elle accuse des douleurs caractéristiques ayant leur maximum pendant la nuit, cependant, depuis quelque temps, elle souffre même le jour, on la soumet pendant huit jours aux pilules de Ricord.

Le 28 mai. — Elle se plaint de chaleur à la bouche, de dysphagie, de salivation.

Le 1er juin. — Salivation est très-intense, salive coule en bave, les gencives sont rouges, violacées, le bord en est ulcéré, fait sortir du pus à la pression. Prolongement festonné des bords des gencives, dépassant la moitié de la hauteur des dents. Les dents molaires postérieures sont comme enchâtonnées dans la muqueuse boursouflée, d'où résulte un godet où s'accumule un pus concret. Les piliers sont rouges, la langue gonflée et chargée ; dents douloureuses, non vacillantes, adénite sous-maxillaire, dysphagie, difficulté d'ouvrir la bouche et de parler, potion chlorate de potasse, 4 grammes.

2 juin. — Le mieux est déjà manifeste, la salivation est moins abondante, la fétidité de l'haleine est moins notable.

3. — La tuméfaction de la muqueuse, celle de la langue est moins marquée, les gencives sont moins violacées. — 4. L'état général n'offre rien de notable.

5. — Les dentelures des gencives ont presque la même hauteur, l'ulcération membraneuse qui les recouvre est très-manifeste.

6. — La salivation a presque disparu, et à l'exception des gencives, toutes les autres muqueuses ont un aspect presque normal.

7. — Les douleurs de la tête se sont étendues à tout le côté droit de la face, lui causent une insomnie complète. La salivation a disparu. — 8 jusqu'au 11. L'altération des gencives, tuméfaction, liseré ulcéro-membraneux, pyorrhée subsistent dans le même état.

Le 11. — Les dents sont toujours très-douloureuses à la mastication, les gencives idem.

Cet état stationnaire nous conduit à constater l'état général. — Le 13. Pouls 70, respiration 24. Constipation, pas de modification à cet état depuis l'emploi du chlorate.

Urine abondante, elle déclare qu'elle boit d'ailleurs beaucoup ; outre les deux pots de tisane qui lui sont ordonnés, elle prend tous les jours de la tisane de ses voisines.

14. — Pouls idem, respiration entre 20 à 24, soif moins vive, urine un peu moins abondante, offre la réaction du chlorate. Les douleurs nocturnes n'ont pas diminué. — Le 16. Les festons des gencives ne sont pas moins saillants, l'ulcération du bord libre est la même, elle est toujours recouverte d'une couche grisâtre. — 17. Même état général, douleurs très-vives. — Le 20. Suppression du chlorate de potasse, et cependant toujours gonflement des dentelures des gencives, toujours du pus à la pression autour du collet des dents, l'urine ne parait pas plus abondante. Le pouls et la respiration ne sont pas moins fréquents. Les douleurs sont tellement violentes qu'elles

arrachent des larmes, et que l'insomnie la plus complète en résulte.

Il appert de ces faits que la stomatite mercurielle n'est pas améliorée dans tous ces symptômes, et que chacun d'eux offre une résistance graduée, qui, nous le verrons, sera toujours la même pour les mêmes phénomènes : 1° La fétidité de l'haleine, la salivation ; dans la période suivante, disparition du gonflement et de l'enduit pultacé, enfin l'altération des gencives persiste même après un traitement prolongé ; il faudra donc moins espérer guérir la gengivite, et surtout l'ulcération du bord libre des gencives, que tous les autres symptômes mercuriels.

CLINIQUE MÉDICALE DE LA FACULTÉ.

Hopital de la Charité.

Service de M. le professeur PIORRY.

Salle Saint Charles, n° 17.

N° 46.

Coliques néphrétiques. — Calculs urinaires. — Cystite chronique. — Catarrhe vésical. — Ecoulement uréthral chronique. — Angine glanduleuse. — Rhumatisant. — Chlorate de potasse. — Pas d'effet notable.

Le nommé Ravier, Michel, âgé de 40 ans, profession coutellier, demeurant rue Rambuteau, 27, 7e arrondissement. Entré le 25 juillet 1857.

Antécédents personnels. — Il fait remonter toutes les affections des voies génito-urinaires au début d'une uréthrite intense, qu'il a contractée en 1849. A la suite de cet écoulement uréthral, il ne constate pas la moindre trace de syphilis, mais complication d'orchite, et plus tard de cystite. A peu près à la même époque, il est pris de coliques néphrétiques, dont il décrit le trajet du rein aux testicules et au gland, en suivant la direction de l'urèthre. En 1852, apparition de calculs blancs à reflets brillants, friables, il en rendait tous les matins une quantité très-grande, le volume de chacun d'eux était d'une grosse lentille. Plus tard, quand il laissait déposer son urine, il s'accumulait au fond du vase une matière crayeuse que la dessication convertissait en calculs nombreux. Depuis longtemps il est exposé aux maux de gorge, aux enrouements, à des expulsions de matières muqueuses venant du pharynx. Jamais de dartres, douleurs rhumatismales fréquentes et faciles.

État actuel. — 25 juillet. — Les signes rationels des antécédents demeurent encore, quoique bien affaiblis, il se plaint de douleurs néphrétiques suivant encore le trajet d'autrefois, mais n'ayant plus depuis longtemps, le même caractère d'acuité. Il montre une boite de calculs blancs, formés de phosphates et de carbonates. Écoulement muco-purulent par l'urèthre. Rétrécissement du canal. Bifurcation du jet. Signes d'angine glanduleuse, douleurs rhumatismales. État général bon. Digère bien. Constipation, quelques accès de fièvre le soir, à forme intermittente. Toux légère, pouls 64-66. Potion au chlorate de potasse, 4 grammes.

Le 29. — Urine, même abondance de liquides et de mucosités. Le reste idem. — 30. Même apparence de l'angine glanduleuse.

1er août. — Même écoulement uréthral, même état de l'urine. Douleurs de la colique néphrétique conservent le même caractère de douleurs sourdes. Les autres appareils ne semblent pas influencés. Pouls 62. — Le 4, il ne se sert pas de son crachoir et cependant la dose de chlorate a été portée à 8 grammes. Même état de l'écoulement uréthral. Il fait sortir le matin du méat 4 à 5 gouttes d'un liquide purulent. — Toujours expulsion des mucosités pharyngiennes, il hem ... autant qu'avant le chlorate.

Le 6 août. — Pouls 70-72, respiration 22. Appétit bon. Constipation, toujours une toux gutturale, sèche et brève, toujours aspect granulé du pharynx. Nous avons conservé sur un filtre le mucus vésical, et l'on découvre après dessication sur le papier des paillettes brillantes, traces des calculs si abondants autrefois. Une pyorrhée alvéolo-dentaire que le malade porte depuis fort longtemps n'a pas été améliorée. — Le 8. Les symptômes différents n'ayant pas été amendés, on supprime le chlorate, on le remplace par l'eau de Vichy, une bouteille par jour.

9. — Toujours même dépôt au fond du vase, même phosphate et carbonate.

Le 10. — L'urine un peu plus claire, mais on voit toujours nager des mucosités. — Le 13, urine un peu plus abondante. — Le 16. Ne souffre plus de la vessie, le mucus vésical a bien diminué. L'écoulement uréthral est toujours le même, l'urine offre toujours un dépôt phosphatique mélangé au mucus.

Ainsi, l'effet de l'eau de Vichy, sans avoir été bien marqué, a opéré cependant un changement assez rapide, que l'usage du chlorate même prolongé n'avait pas produit.

CLINIQUE MÉDICALE DE LA FACULTÉ.

Hopital de la Charité.

Service de M. le professeur PIORRY.

Salle Saint Charles, n° 5.

N° 47.

Diagnostic sommaire. — Intoxication saturnine. — Colique de plomb. — Névralgie du testicule, pas d'effets appréciables.

Le nommé Grattier, Louis-Jean, âgé de 25 ans, profession peintre en bâtiments, demeurant rue de Paris, n° 10, à Vaugirard. Né à Paris (Seine), malade depuis le 15 juin, entré le 27 juin, sorti le 3 juillet.

Les antécédents sont sans enseignement sur l'histoire actuelle du malade, surtout en ce qu'ils touchent à sa famille ; cependant pour ce qui lui est *personnel* il déclare qu'en 1850 il commença à manier les couleurs, il reste cinq ans sans aucun accident saturnin. En 1856, septembre, il est pris de coliques, pour la première fois, il guérit en dix jours par le traitement ordinaire de la Charité. Il note que ses dents sont devenues très-mauvaises et souvent la cause de névralgies.

D'ailleurs pas de tremblement, pas d'affaiblissement des muscles extenseurs. Pas de céphalie. Aucun trouble des sens, quelques douleurs dans les jointures.

Le 15 juin 1856 début de l'attaque actuelle, elle est très-vive, puis se calme et permet d'attendre.

Le 27 juin, entrée. — *Etat actuel* : Son visage offre une teinte jaune marquée, la santé générale souffre beaucoup, la bouche offre aux gencives un liséré bleu, des plus marqué. Les dents ont une teinte grise analogue jusqu'à la moitié de leur couronne. Ventre affaissé très-douloureux. La douleur de cette région se lie à celle du testicule. Matières dans le gros intestin, constipation opiniâtre. Difficulté de digérer. Les testicules sont douloureux à l'extrême, il accuse de cette souffrance un coït souvent répété pendant deux nuits de suite. La tête, les sens, la sensibilité générale sont intacts. Pouls à 88. Respiration 26. Digestion, bonne au moins quant au besoin de manger car il se plaint même dans l'intervalle des accès de renvois et d'éructations fréquents. Fonctions rénales : Urine rare, mais normale. Traitement purgatif, sulfate de magnésie 30 gram. Lavements, cataplasmes sur les testicules.

28 juin. — Coliques un peu moindres, douleurs testiculaires bien améliorées. — 29. Même état. — 30 juin. Coliques sourdes mais non pas plus intenses par accès. La bouche est la même.

1er juillet. — On prescrit un julep avec chlorate de potasse. 4 grammes.

2. — La bouche est un peu mieux. Les gencives moins tuméfiées et rouges, le liseré bleu a perdu de son intensité à la pression, il sort toujours quelques gouttes de pus et de sang autour des dents. Pas de salivation, pas de diurèse, le sel est constaté dans les urines. Les coliques sont toujours fortes mais sourdes.

3. — Les gencives sont très-bien. Dents plus blanches mais toujours le liseré et le pus à la pression des gencives.

5 juillet. — Tous les accidents saturnins, constatés le jour de l'entrée sont presque effacés à l'exception de la gengivite et des bords ulcérés. La colique bien que réelle est presque réduite aux proportions de l'état ordinaire où le malade se plaint toujours un peu, il demande son exeat. Dans ce cas l'amélioration des accidents saturnins est évidente, mais faut-il de bon compte, en accuser le médicament. Oui, pour la stomatite, mais non par l'intoxication elle-même. Les purgatifs ont eu leur puissant effet habituel, bien qu'il ait été tardif. Nous avons de la peine à admettre qu'une maladie qui remonte à plusieurs années ait cédé en cinq jours devant 20 grammes de chlorate de potasse.

CLINIQUE MÉDICALE DE LA FACULTÉ.

Hôpital de la Charité.

Service de M. le professeur PIORRY.

Salle Saint Charles, n° 13 *bis*.

N° 48.

Sommaire. — Intoxication saturnine. — Désordres du côté de la bouche. — Coliques. — Angine glanduleuse. — Emploi du chlorate de potasse. — Celui-ci ne produit aucun effet sédatif évident. — Pas d'amélioration de l'angine glanduleuse. — Gencives moins fongueuses, toujours ébranlement des dents. — En somme, la bouche seule semble s'améliorer en partie par l'emploi du médicament.

Le nommé Germiny, Emmanuel-Hippolyte, 35 ans, peintre en bâtiments, à Paris, rue des Juges-Consuls, 4, septième arrondissement, né à Coutances (Calvados). Entré le 13 juillet.

Antécédents de famille. — Parents inconnus. — *Personnels.* Jamais de coliques avant le début de sa profession, il commence en 1844 pendant douze ans et ne souffre pas d'accidents saturnins. A cette époques coliques traitées à St-Louis par le traitement de la Charité. Guérison en 12 jours. Depuis quelques coliques de temps à autre.

13 juillet. — *Etat actuel.* Il se plaint de coliques depuis quatre jours, elles vont en augmentant, des accès douloureux sont séparés par des intervalles où la sensation douloureuse devient plus sourde, muette, continue. Constipation opiniâtre, matière grisâtre, perte d'appétit, éructations fréquentes, muscles, crampes dans les jambes ; extenseurs des avant-bras font parfaitement leur office, jointures non douloureuses, un peu de céphalalgie, sens intacts. Bouche, haleine infecte, gencives extrêmement tuméfiées, liseré bleuâtre, dents vacillantes.

Angine glanduleuse. Rougeur de tout l'isthme du gosier et de la paroi postérieure du pharynx correspondante. Cet état remonte à plusieurs années, il n'a jamais présenté de dartres ni de rhumatismes, cependant douleurs à la déglutition, saillie granuleuse sur la face inférieure du voile, sur la luette et sur la paroi postérieure du pharynx. Tous les matins, bouche mauvaise, besoin de hemmer fréquents, expuition de matières muco-purulentes, ayant leur source dans le pharynx et non dans les bronches.

Urine normale en quantité et qualité, respiration 20, pouls 64.

Traitement. — Pendant trois jours huile de ricin, bains de baréges, lavement répétés, pas de soulagement notable.

16. — Chlorate de potasse 4 grammes par jour. — 17. Il a bien souffert toute la matinée de ses coliques, tout le reste est dans le même état. — 18. L'angine glanduleuse n'a pas varié, même expectoration muco-purulente, mêmes granulations, coliques les mêmes.

19. — Il a un peu moins souffert, mais il a pris hier une nouvelle dose d'huile de ricin, angine toujours la même, toux gutturale fréquente. La bouche est plus nette, les gencives sont moins gonflées, mais les dents remuent toujours beaucoup.

20. — Même état. — 21. Gencives ont perdu leur aspect bleuâtre, elles sont fermes, toujours même expulsion gutturale, coliques beaucoup moins vives, il ne ressent aucune douleur sourde. La respiration, la circulation, n'ont pas varié un instant. — 24. Même état. — 23. Dose de chlorate doublée, l'amélioration des coliques est de plus en plus manifeste, il a dormi presque toute la nuit, l'angine est la même. Inconvénients résultant de l'emploi du chlorate, le malade se plaint beaucoup de la gorge, elle lui semble comme déchirée. Douleur à l'orifice du larynx, perte d'appétit, il a deux portions et n'en peut manger qu'une. Urine plus rouge, n'a pas varié, à 10 grammes près, depuis le premier jour.

25. — Il refuse de prendre la même dose, il craint en la continuant de ne pouvoir plus parler. — Angine glanduleuse toujours dans le même état physique et fonctionnel. Retour des douleurs, on abandonne le chlorate de potasse, huile de ricin 30 grammes, demain matin bain sulfureux. — Le 26. Amélioration, il a pu dormir, il ne reste que quelques douleurs sourdes peu intenses. Il demande à sortir. Exeat.

Le traitement par le chlorate de potasse a duré du 16 au 25, en quatorze jours la colique de plomb peut s'améliorer spontanément; de plus les purgatifs fréquemment répétés ont coïncidé avec la diminution de la douleur. — L'angine glanduleuse n'a pas été diminuée, le seul succès à constater ici est au profit des gencives, encore est-il incomplet.

CLINIQUE MÉDICALE DE LA FACULTÉ.

Hôtel-Dieu.

Service de M. le professeur TROUSSEAU.

Salle Saint Agnès, n° 13.

N° 49.

Rhumatisme articulaire, aigu, poly-articulaire, insuccès. — Etude comparative du chlorate de potasse et du sulfate de quinine.

Le nommé Cassany, Pierre, âgé de 32 ans, forgeron, demeurant boulevard des Amandiers, 20, à Belleville, né à Millas (Pyrénées-Orientales), malade depuis le 9 juin 1857. — Entré le 16 juin 1857.

Antécédents de famille. — Pas de trace d'affection rhumatismale. — *Personnels:* Pas de maladies jusqu'à sa conscription. Soldat, fièvre en Afrique pendant quinze mois avec alternative d'apyrexie. — Congé. La traversée fait disparaître la fièvre, les accès ne sont jamais revenus. Retour en Afrique après deux ans de congé. Il ne reprend plus de fièvre. — Août 1855. Rhumatisme articulaire aigu, fébrile poly-articulaire, durée six semaines, guérison parfaite. Purgatifs. Eau-de-vie camphrée, bains. — 1ers jours de mai 1857. Blessures, coups, perte de l'œil, séjour à St-Louis trente jours. Il marche, se fatigue, il est mouillé par la pluie. Par suite : articulations tibio-tarsiennes prises, puis les deux genoux, puis les articulations de la hanche ; fièvre, sueurs, insomnie.

16 juin. — *Etat actuel.* — Les jointures des pieds, des genoux, des hanches sont douloureuses, mais déjà un peu diminuées de volume, fièvre, pouls 104, respiration 26, pas de toux ni de râles. Digestion. Langue blanche, soif, inappétence, pas de dysphagie, pas de vomissements, pas de coliques, pas de diarrhée ni de constipation. Pas de céphalalgie, insomnie, vertiges, quand il se lève ; sueurs extrêmes. Urine assez abondante et crachats muqueux. Le soir le bras droit se prend, la main droite rougit se gonfle à la face dorsale surtout, ses doigts ont toutes les articulations rouges gonflées. Chaleur excessive, mains, poignets gonflés rouges, bras normal. Le coude pris, pas de rougeur, épaule prise, pas de gonflement, cœur, pas de souffle. Bouillon, chiendent sucré, deux pots avec 8 gram.

de chlorate de potasse. — 17. Douleur un peu moins vive de tous les membres pelviens, mais la main et le bras gauche sont plus malades. Fièvre 100, respiration 28, toux idem. Expectoration id., sueurs, urine assez abondante mais il a bu trois pots, urine cinq fois la nuit. Raideur du cou, selles normales. — 18. Idem. Il peut marcher assez bien, mais exacerbation de la douleur de la main, fièvre 102, respiration 28. Urine plus abondante qu'hier, sueurs, pas de coliques ni de maux de tête, douleur et rougeur de la main droite toujours la même. Peut s'asseoir dans son lit mais à grande peine et en conservant l'immobilité absolue du bras gauche. — 19. Pas de changement notable comme hier. Pouls 104. Respiration 28. Cœur, rien. Rougeur extrême de la main, du poignet, le moindre mouvement de ce membre est impossible, sueurs très-abondantes, pas de sudamina, urine, traces de chlorate. — 20. Main gauche un peu moins rouge et toujours gonflée, le coude gauche et l'épaule gauche douloureux, la main droite et les articulations identiques à gauche se prennent. Pouls 100, respiration 28, sueurs extrêmement abondantes, soif, pas de selles mais coliques, pas de toux, cœur normal. — 21. Même liberté incomplète du bras gauche, même exacerbation dans l'affection du bras droit, les deux coudes; pieds libres. — Le genou droit encore douloureux, les deux hanches libres, les deux mains sont toutes deux volumineuses, très-rouges, coudes un peu gonflés et les épaules aussi. Pouls 90, respiration 28, sueurs, change de chemise toutes les 20 minutes. Agitation, insomnie, soif, coliques, pas de selles, respiration. Sonorite normale, pas de toux, cœur intact. Urine extrêmement rouge, odeur urineuse alcaline. Amaigrissement très-grand.

Le 23. — Matin. Facies altéré, yeux caves, apophyses zygomatiques saillantes, sueurs profuses, cœur, pas de souffle, digestion, soif extrême. Pas de coliques ni diarrhée, n'a pas fait ses besoins depuis cinq jours. Salive assez abondante, bouche, gencives couvertes comme d'un enduit pseudo-membraneux, on l'enlève avec le doigt, salive abondante, acide. Pression des gencives, pas de pus à la sertissure, respiration 24, urines rouges, odeur fortement alcaline, insomnie, état grave. Evident insuccès du chlorate de potasse. — Le 24. Pas d'effet bien notable, insomnie, toujours fièvre vive. — Le 25. Diminution du gonflement des mains, quatre selles dans la journée, diarrhée, pas de nouvelles jointures prises. — Le 26. Il a marché deux fois la largeur de la salle, les mains sont un peu mieux quoique toujours très-gonflées, les deux épaules sont encore bien douloureuses et condamnent les bras à l'immobilité. Pouls 88 seulement, respiration 28, pas de sueurs, pas de diarrhée ni de constipation. Deux bouillons, deux potages. — 29. Pas d'amélioration bien sensible des mains toujours rouges, gonflement, douleur. Epaules un peu mieux, sueurs moindres, pouls 88, respiration 24.

1er juillet. — La main droite va bien mieux, la gauche est encore très-douloureuse. — Sommeil facile. — Sueurs complétement disparues. — 2. Main gauche bien moins gonflée. — Une portion. — 5. La main droite libre, amélioration voisine de la guérison. — 8. Il a toujours continué son sulfate de quinine, pas d'accidents qu'on puisse lui attribuer. —Mains encore endolories. — Il marche malgré une douleur dans l'aine gauche, il se sent très bien. — 2 portions.

On voit par ce qui précède combien le chlorate de potasse est demeuré insuffisant pour enrayer la marche du rhumatisme articulaire aigu. — L'absence de complication d'endocardite et de péricardite ne sera pas considérée, nous le pensons bien, comme le résultat des vertus préservatrices de notre médicament, mais bien comme une de ces exceptions d'ailleurs peu rares à la règle de coïncidence.

Pour ce qui est de la valeur comparative du sulfate de quinine, bien évidemment son emploi a été suivi d'une amélioration notable; mais celle-ci serait attribuée justement peut-être, au moins en partie, à l'évolution spontanée de la maladie, qui se trouvait déjà parvenue au point, ou elle peut décliner d'elle-même.

CLINIQUE MÉDICALE DE LA FACULTÉ.

Hôtel-Dieu.

Service de M. le professeur ROSTAN.

Salle Saint-Antoine, n° 16.

N° 50.

Ictère symptômatique d'un carcinôme du foie. — Cancer de l'estomac consécutif. — Muguet. — Hernie ombilicale. — Mort.

La nommée Vallat, Antoinette, âgée de 68 ans, profession brunisseuse, demeurant Enclos du Temple, 3, 6e arrondissement, née à Paris, malade depuis le mois de mai 1836, entrée le 20 mai 1857. Morte le 12 juin.

Antécédents de famille. — Aucun membre de la famille n'a

présenté, dit-elle, une maladie analogue à celle-ci dans aucun point du corps. — Un fils et une fille, tous deux en bonne santé. — *Personnels.* — N'a jamais été malade, dit-elle, 2 grossesses très-pénibles. — Hernie ombilicale après la dernière grossesse. — Bandage. — Ne se plaint d'aucune affection morale prolongée, *antérieure* ou temporaire et qui aurait déterminé l'ictère.

Mai 1856. — Début de l'ictère. — Troubles digestifs, vomissements, prostration des forces, amaigrissement. — Pas de diarrhée, si ce n'est à de rares intervalles, mais bien plutôt constipation. — Matières blanches région de l'hypochondre droit, pas de douleur. — Toux assez fréquente, a rendu quelques caillots de sang dans ces derniers temps. Crachats jaunes. Pas de sueurs. Prurigo, urines brunes. Linge taché. — Mouchoir dans lequel elle crache, plein de taches jaunes. La prostration l'oblige à entrer.

20 mai. — Entrée. *État actuel général*, aspect extérieur, jaune verdâtre extrêmement foncé étendu sur tout le corps, femme autrefois très-grosse et forte, aujourd'hui très-amaigrie. — Hernie ombilicale. — Enterocele. — Respiration 20, râles muqueux, crachats muqueux jaunes. Circulation, lenteur, pouls 56. — Digestion, pas d'appétit. Langue, muguet très-abondant. — Ce muguet n'est pas jaune à la différence de toutes les secrétions. Lèvres, palais couverts de muguet. — Pas de salivation, réaction acide. — Système nerveux, syncopes très-fréquentes, 2 à 3 fois par jour. — Pas de coliques. — Région hypocondre, tumeur bosselée. — Vomit aussitôt qu'elle a mangé et cela tous les jours depuis trois mois. — Cependant pas de matité ni de bosselures sensibles à l'hypogastre. — Iris immobile, sens intacts. — Sécrétions bien diminuées; urine souvent et peu. — Cet état dure jusqu'au commencement de juin. — Le 8. On lui donne 4 grammes de chlorate de potasse dans sa tisane. — Le 9. Pas de changement. — Le 10. Le muguet est extrêmement abondant : Piliers, langue, gosier, gencives tout est envahi, surtout à droite. — État général, prostration extrême. — Réaction de salive toujours acide. — Respiration 20. Elle crache plus. Digestion idem. Coliques quand elle boit. Sacrum, commencement d'escharres très-douloureux. — Pouls 60, urines rares, fréquentes, boueuses. — Système nerveux, syncopes toujours fréquentes. — 2 fois hier. — L'effet du chlorate sur le muguet est médiocre, la malade est plus abattue. — 11. Vomissements continuels. — Diarrhée, sanglante et noire. Prostration. — Muguet pas sensiblement diminué, marasme, teint jaune, pas diminué, selles. 12. Morte éteinte. — Pas d'autopsie, opposition de la famille. Cette malade n'a pas présenté, on le voit, de di-

minution de la teinte ictérique ; peut-être dira-t-on que l'administration du médicament n'a duré que 4 jours, mais aussi n'avions-nous pas le droit d'espérer un commencement d'amélioration. — La lésion organique était peut-être, une cause bien puissante d'ictère ; mais ne voyions-nous pas des observations, citer des cas avec lésion organique et obtenant des guérisons de l'ictère en quelques jours.

CLINIQUE MÉDICALE DE LA FACULTÉ.

Hôpital de la Charité.

Service de M. le professeur PIORRY,

Salle Saint Charles, n° 12.

N° 51.

Ictère carcinôme des organes digestifs. — Anasarque. — *Entérorrhagie.* — Muguet. — Mort, pas d'autopsie. — Persistance de l'ictère et de la coloration de l'urine.

Le nommé Fouvay, Angélique-Étienne, âgé de 61 ans, profession, forgeron, demeurant cité Boufflers, n° 14, 6e arrondissement, né à Paris, malade depuis le mois de janvier, entré le 11 juin 1857.

Antécédents de famille. — A perdu toute sa famille, deux enfants et sa femme en 3 mois, du mois d'avril au mois de mai dernier. — Impression morale consécutive extrêmement vive. — *Personnels.* — Pas de maladies antérieures importantes. — Régime très-insuffisant. — Misère extrême. — Vie de privations. — Bronchites extrêmement fréquentes, pituites.

Janvier 1857. — Début de la maladie du foie.

Douleurs légères dans l'hypocondre droit. — Troubles digestifs. — Amaigrissement. — Cet état dure pendant deux mois.

Mars. — Début du gonflement du ventre. — Ce gonflement précède l'œdème des pieds. — Marasme. Dyspepsie absolue. — Coliques. — Toux fréquente. — Expectoration muco-purulente. — Hémorroïdes. — Flux sanguins fréquents.

Avril. — Dyspnée extrême. — Refoulement du diaphragme.

Mai. — Ictère. — Coloration brune des urines. — Facies décoloré. — Prurigo. — Coloration de la peau extrêmement foncée, et verte, constipation, vomissements pituiteux ; jamais noir. — 11 juin. *Etat actuel.* — Ictère vert, circulation, pouls 65, respiration 28. Sens, état normal. — Traces de prurigo. — Urines noires, boueuses. — Selles grises. — Ne peut prendre même un bouillon. Constipation, ascite énorme, intestins refoulés à gauche d'hypocondre. — Foie volumineux. — Jambes œdème. — Reste du corps marasme. — Hernie inguinale chassée malgré un bandage. Potion, chlorate de potasse 4 grammes. — 12. L'intensité de la teinte jaune n'a pas diminué. — L'urine est aussi brune, aussi boueuse et rare. — Si bien qu'on ne peut y trouver le chlorate même en filtrant la liqueur. — Les matières sont toujours grises. — 14. A eu cette nuit des pertes de sang abondantes par le rectum et par la bouche. — Prostration extrême, même état. — 16. Stomatite. — Muguet offrant une teinte jaunâtre, la muqueuse entre les points de muguet est rouge jaune. — 17. Dents douloureuses à la mastication, ictère, même état. Muguet non modifié. — 18 pouls, 54 lent mais ictère, respiration 30, ictère même intensité. Bouche, mieux. Rend toujours du sang par les selles. — 19. Mort, on ne peut faire l'autopsie.

Comme c'est l'usage dans l'ictère, le pouls a offert une lenteur notable chez ce malade, on comprendra notre hésitation pour attribuer ce phénomène à l'action du chlorate. Le cas actuel nous prouve comme tant d'autres que pour déterminer sur la circulation l'effet sédatif qu'on lui attribue il faut probablement l'employer à la dose de 20 grammes et plus. — L'hémorrhagie présentée par notre malade, quelle qu'en soit la cause, prouve peut-être ou qu'il n'empêche pas les exsudations sanguines qui naissent des ulcérations cancéreuses ou bien que les hémorrhagies cachectiques (passives) ne sont pas prévenues malgré les éloges qu'on a fait de notre sel dans certaines hémorrhagies.

CLINIQUE MÉDICALE DE LA FACULTÉ.

Hôpital de la Charité.

Service de M. le professeur PIORRY.

Salle Saint Charles, n° 42 *bis*.

N° 52.

Ictère symptomatique. — Tremblement mercuriel. — Urines bourbeuses. — Autopsie. — Cancer du pylore. — Compressions des voies biliaires. — Cancer du duodenum. — Cachexie mercurielle.

Le nommé Morel, Honoré, âgé de 57 ans, profession, doreur sur métaux, demeurant à Paris, rue Marcadet n° 8, né à Montigny (Oise), malade depuis 28 ans. Entré le 19 juin 1857.

Antécédents de famille. — Père était étranger au métier de doreur. Deux sœurs bien portantes. — Camarades d'atelier, il a été en relation avec 250 ouvriers environ, tous ceux qui travaillaient à la forge étaient pris de tremblements des quatre membres. C'était ce qu'ils appelaient la danse. — Enfants; il avait déjà tremblé avant de se marier, mais il ne tremblait plus au moment même de leur naissance. — Ils sont bien portants. — *Personnels.* Il commence à travailler à 16 ans. Dans les premiers temps, immunité absolue. — Première attaque de temblement il y a 28 ans. — Il a eu successivement quatre attaques de tremblement. Le tremblement actuel constitue la quatrième attaque. Entre chaque attaque il a pris du repos et cessé tout travail au mercure. Le premier accès a guéri très-vite. — Il fait un voyage sur mer et en quelques semaines guérison. — Reprise des travaux après 4 mois de voyage — puis retour des attaques après 6 mois de travail. — En même temps salivation. — Dents sensibles et branlantes. Intervalle. — La deuxième attaque se prolonge plus d'un an avant que la guérison survienne. — Régime herbacé, laitage, séjour à la campagne. — Troisième attaque, il est 2 ans sans qu'elle vienne. — Nouvel intervalle. — Quatrième attaque. Il n'a pu la faire disparaître. — Ne travaille plus depuis 10 ans.

L'ictère remonte à 3 ans, caractères ordinaires, pas de douleurs à droite. — Urines bourbeuses — (Mai 1857.) Digestion, — vomissements depuis le mois de mai. — Nature des vomissements, aliments, glaires, pas de matières noires. — Respiration. — Toux, expectoration peu abondante.

19 Juin. *État actuel.* — Aspect. État général. Maigreur, teinte jaune de tout le corps. — Annonce une vigueur très-grande autrefois. — Mouvement, quand il ne veut pas remuer les bras, il ne tremble pas, mais s'il veut prendre un corps léger, surtout agitation extrême, impossibilité de porter rien à la bouche. — Jambes enflées, vacillantes. — Bouche. — Langue bien, pas de salivation. Dents, il ne lui reste que 4 dents à la mâchoire supérieure, il les a perdues toutes des suites d'accidents mercuriels, actuellement les gencives sont en tres-bon état. Digestion bien, foie volumineux. — Matité plus étendue dépasse les côtes de deux travers de doigts. — Pas de diarrhée. Vomissements irréguliers, pas de tumeur à l'épigastre. — Respiration. — Bronchite chronique, râles muqueux. — Urines, dépôt purulent. — Teinte ictérique. — Alcaline. Du 19 au 26. — Traitement palliatif calmant. — 25. Potion au chlorate de potasse 4 gram. — Du 26 au 30. La teinte du corps n'a pas varié. Le tremblement est toujours le même, les urines sont aussi troubles et alcalines. L'expectoration toujours la même sans plus ni moins de mucosités. — Les râles sont demeurés les mêmes.

1er Juillet. — Il a été pris cette nuit de pyrosis, de vomissement. — Insomnie complète. Il accuse de tous ces accidents le chlorate. Les urines sont toujours purulentes et ictériques. L'ictère n'a pas varié. — Les sclérotiques sans être bien jaunes ont toujours cependant leur reflet jaunâtre, l'urine toujours la même, elle n'est pas plus claire. Tremblement. Pas de changement appréciable. — Nausées. Renvois. Vomissement muqueux. — 2. On l'électrise et ses muscles sont très-sensibles à la faradisation. — 3. Pas de modification appréciable. — 7. On lui donne le chlorate dans sa soupe parce qu'il ne peut le supporter dit-il. Il se plaint continuellement d'aigreurs. — Urine ictère. — Tremblement idem. — 9. Son tremblement n'est pas diminué d'une manière appréciable. — Toujours quelques aigreurs. Langue sèche. — Bouche extrêmement saine. — 11. Dépérit à vue d'œil. — Œdème des jambes. — Insomnie. — Pas de modification dans les crachats, comme quantité, comme facilité d'expulsion. — 13. Idem, toujours même tremblement, il ne se plaint plus des troubles digestifs. — 15. La cachexie fait des progrès. — 18. Aucune modification vers le cœur. Poumons. — Digestion rien qu'on puisse attribuer au chlorate. — 20. amaigrissement profond. — 22. Cachexie augmente. — 25. Mort à une heure.

AUTOPSIE. — Cancer de la région pylorique de l'estomac, induration du duodénum. — Changements de ses rapports avec les voies biliaires, compression de celles-ci. — Calibre du canal cholledoque effacé, vésicule biliaire remplie outre mesure. Le foie est volumineux mais ne présente pas de dégénérescence. — Vessie, paroi épaisse contenue, urine bourbeuse, aucune altération notable des autres organes

Il résulte de ces faits que l'ictère n'a pas été diminué et que le tremblement mercuriel a conservé son intensité jusqu'à la mort du malade. — La bile n'offrait pas de traces de chlorate de potasse, d'ailleurs il en a été de même dans la plupart de nos essais. Faut-il en accuser l'absence réelle du chlorate de potasse dans la sécrétion biliaire ou bien l'insuffisance de nos moyens de recherches?

CLINIQUE MÉDICALE DE LA FACULTÉ.

Hôpital de la Charité.

Service de M. le professeur PIORRY.

Salle Saint-Charles, n° 5 *bis*.

N° 40.

Ulcère variqueux. — Contusion récente, ecchymose, chlorate à l'intérieur. — Marche excessivement lente de la résorption de l'ecchymose. — Guérison spontanée de l'ulcère. — Le chlorate en lotion détermine des douleurs et ne cicatrise l'ulcère que *bien lentement*.

Le nommé Adolphe Waquant, blanchisseur, demeurant à Boulogne, rue Saint-Denis, n° 22, né à Antrecourt, département de la Meuse, arrondissement de Bar-le-Duc. Entré le 19 août, 37 ans.

Antécédents personnels. — Varices depuis 9 ans après une fièvre typhoïde dit-il. Début de l'ulcère il y a un an, par une plaque de la largeur d'une pièce de 0,20 c., puis marche progressive. Coups fréquents produisant des phlébites ou des ruptures de veine et des ecchymoses. Sa profession l'oblige à rester toujours debout. Traitement antérieur : cataplasmes, bandes, onguent canet et styrax, quelquefois il ne faisait aucun traitement et après huit jours de repos seulement l'ulcération guérissait seule. Début de l'echymose : le 17 août il s'était contusionné la jambe contre un corps étranger en marchant, d'où épanchement de sang dans une surface de 0,08 c. carré. Il entre pour une entérite légère.

Etat actuel. — Echymose bleuâtre couvrant la face externe du mollet très-développée par plaques et au centre de laquelle se trouve une rougeur, siége de la contusion ; l'étendue de l'échymose a gagné depuis la veille, dit-il, nous le trouvons de 0,11 centimètres. Pas de noyau attestant la formation d'un épanchement, d'un foyer sanguin. Ulcère, jambe gauche audessous du mollet à la face interne de la jambe. Diamètre 0,03 en travers, 0,02 en long ; fond déprimé de 0,02, gris verdâtre douloureux, issue d'une samie abondante fétide roussâtre. Bords saillants indurés, soulevés un peu saignants. Parties voisines rouges, tendues, infiltrées. Jambe gonflée surtout quand il marche quelques moments. — Le 19. Potion avec le chlorate de potasse 4 grammes. Pansement simple sur l'ulcère et l'echymose, pouls 60, respiration 22. — Le 20. La plaie offre toujours un fond grisâtre, mais les bords sont un peu affaissés, moins saignants. Les parties voisines sont toujours rouges, pas de diminution de l'ecchymose, 8 grammes de chlorate à l'intérieur. — Le 23, Pas de duirèse, pas de modification du pouls 60, respiration 22. Pas de salivation, ecchymose un peu moins bleuâtre sur les bords, mais pas diminuée d'étendue. La plaie n'a pas diminuée d'étendue ni d'aspect. Les bords sont un peu affaissés, l'ulcère est bien mieux sans le secours d'aucun traitement local par le simple repos, 24. Le fond est détergé à moitié de sa couche noirâtre, dans l'autre moitié un pus jaune crémeux. Cette amélioration s'est opérée par le repos seul. Ecchymose aussi étendue, non modifiée, jaune clair sur les bords ; l'état général non modifié, pouls 60, on continue le chlorate à 4 gr. à l'intérieur et on met une lotion à 5 p. 0[0 sur la plaie, en évitant de l'étendre à la surface echymosée. — Le 25. Fond au 3[4 dépouillé de sa couche purulente et pseudo-membraneuse, bourgeons charnus multipliés. Douleur excessive. — 27. Toujours 0,03 transversalement, 0,02 verticalement. Ecchymose : elle offre encore 0,11 c. de diamètre de teinte verdâtre franchement foncée, la diminution n'en est pas sensible. L'état général idem, ni salivation, ni diurèse, pouls 64. — 29. L'étérite n'est pas modifiée, toujours diarrhée, lavements simples. Il se plaint de quelques coliques un peu plus vives qu'au jour de l'entrée. — 30. Au-dessus de cet ulcère principal, nous remarquons une ulcération d'un centimètre carré. — Le 19. Aujourd'hui cicatrisé spontanément, l'ulcère principal n'a perdu de ces dimensions que 3 millimètres dans tous les sens. Les bords sont encore saillants de

0,01, le fond encore grisâtre par place. L'ecchymose offre 0,10 de diamètre, sa teinte toujours bleuâtre au centre est à peine jaunâtre aux bords.

CLINIQUE CHIRURGICALE DE LA FACULTÉ.

Hôpital de la Charité.

Service de M. le professeur VELPEAU.

Salle Sainte Vierge, n° 19.

N° 54.

Fracture du péroné, *ecchymose* de la face externe de la jambe. — Traitée par l'eau blanche, — Grande rapidité de la résorption.

Le nommé Rivero Diego, âgé de 40 ans, professeur de langue, demeurant à Paris, cité Fénelon, n° 2, 2e arrondissement, né à Santlander (Espagne). Entré le 29 juillet 1857.

Ce malade s'est fracturé le péroné droit la veille de son entrée dans un brusque mouvement de rotation de la pointe du pied en dehors. — 30. — *L'état actuel* permet de constater outre la fracture du péroné une large ecchymose : celle-ci s'étend à 3 centimètres au-dessous du sommet de la malléole et à 18 cent. au-dessus du même point ; sa largeur varie entre 2 et 3 centimètres. Dans toute sa partie supérieure, elle offre environ le triple de cette étendue autour de la malléole elle-même. C'est surtout à ce niveau et autour du point précis de la fracture que l'echymose offre sa teinte noire la plus foncée.

Comme traitement un bandage entoure la jambe et il est arrosé d'eau blanche continuellement. — Le 3 août. Les bords de l'echymose se sont étendus de près d'un centimètre de chaque côté, mais la teinte noire du centre est bien moins foncée. — 6. L'ecchymose n'offre plus qu'une teinte verte dans toute l'étendue du péroné, elle n'a pas marché aussi rapidement vers la résolution sur le bord externe du pied, où l'abondance du sang est plus grande que partout ailleurs et forme presque un épanchement. — 10. Toute la jambe n'offre plus qu'une teinte jaunâtre, le bord externe du pied offre encore une teinte légèrement bleuâtre. — 14. Toute l'ecchymose a disparu jusqu'à 2 centimètres au-dessous de la malléole externe, mais le bord externe du pied ne présente point une résolution aussi avancée. D'ailleurs le malade déclare qu'il n'a point arrosé d'eau blanche la portion de l'ecchymose correspondante au pied, celle de la jambe était seule arrosée par lui trois fois par jour. — 17. Il n'y a plus trace de teinte jaunâtre sur toute la jambe, celle du pied est elle-même bien moins foncée et ne s'étend plus que sur une surface de 4 centimètres carré. — 19. Effacement presque complet de toute teinte ecchymotique. — Le 20. La résolution est complète.

On voit ici que malgré l'abondance et l'étendue de l'ecchymose développée au niveau du pied jusqu'aux proportions d'un véritable épanchement, la disparition de toute teinte ecchymotique s'est opérée avec beaucoup de rapidité. En quinze jours l'ecchymose de la jambe était effacée.

CLINIQUE MÉDICALE LE LA FACULTÉ.

Hôpital de la Charité.

Service de M. le professeur PIORRY.

Salle Saint Charles, n° 3.

N° 55.

Ecchymose résultant d'une violence extérieure siégeant sur la jambe gauche dans une étendue de 8 centimètres carrés. — *Plaie* occupant le centre de l'ecchymose. — *Angine glanduleuse* remontant à 5 ans. — *Ecoulement* par le canal de l'urèthre ancien. — Emploi du chlorate de potasse, insuccès aussi bien pendant l'usage interne du médicament que durant son emploi comme topique. Dans ce dernier cas douleur insupportable.

Le nommé Obry, Louis-Amable, âgé de 16 ans, domestique, demeurant avenue de l'Impératrice, 21, à Neuilly. Entré le 18 juillet 1857.

Antécédents. — Le 10 juillet il reçoit un coup de pied de cheval qui détermine une contusion de toute la face externe de la jambe gauche en excoriant la peau dans une étendue de 6 centimètres carrés. Cette plaie touche par sa circonférence externe et postérieure à une large ecchymose, violacée à son centre et étendue de 4 centimètres au-dessous de la malléole, jusqu'à 12 centimètres au-dessus du même point. Impossibilité absolue de marcher, pas de séjour au lit. Les jours suivants l'ecchymose s'étend et entoure les bords de la plaie. Douleur extrême de l'excoriation, traitement antérieur ; bandelettes de Diachyllon.

18 juillet. — *État actuel.* L'étendue de l'ecchymose descend jusqu'au sommet de la malléole externe, la place occupée par l'ecchymose dans le reste de son pourtour est celle déjà signalée dans les antécédents, la teinte est seulement moins bleuâtre au dire du malade. La plaie est extrêmement rouge sur le fond et les bords, en ôtant les bandelettes nous avons causé une douleur extrême.

Angine glanduleuse. On constate sur la face inférieure du voile sur la paroi postérieure du pharynx des saillies en forme de granulation environ du volume d'une tête d'épingle, entourée d'arborisations rougeâtres de 3 centimètres environ, sont recouvertes du côté gauche de la paroi postérieure, par une concrétion qui n'est due qu'à un dessèchement de mucosités. Longueur de la luette touchant la base de la langue, il rend fréquemment des crachats venant de la gorge, enrouements, toux gutturale à tout moment (hem). Il fait remonter cet état à sept mois. A cette époque, angine toussillaire et pharyngée intenses passées depuis à l'état chronique. Voix claire. Urèthre : Il y a quatre mois une blennorrhagie mal soignée, aujourd'hui à la pression, issue de deux ou trois gouttes de matière jaunâtre épaisse. — 18. Potion, chlorate de potasse 4 grammes, de plus même dose de 4 grammes dans la tisane. — 20. Rien de bien notable, souffre toujours beaucoup. Angine même rougeur, mêmes granulations. État général, fonctions génito-urinaires non modifiées. L'ecchymose n'a pas varié d'étendue. Ses bords sont un peu plus clairs. La plaie toujours très douloureuse et rouge, non modifiée. — 22. Aucun changement notable. L'écoulement uréthral est le même. — 24. L'ecchymose est toujours la même à son centre, ses bords sont effacés, dans l'étendue d'un centimètre dans sa partie supérieure. Plaie même état, pharynx un peu plus rouge et plus douloureux, toux plus fréquente (hem) et plus sèche. — 27. La cicatrisation de la plaie n'avance pas, l'ecchymose est à peine moins bleuâtre à son centre. Etat général, idem, pas de diurèse. — 30. Douleur de la jambe toujours très-vive, plaie couverte d'un pus abondant concrété par place sous forme couenneuse, son étendue n'a pas diminuée. Ecchymose verdâtre à son centre, jaune claire sur ses bords, pas de diminution de plus de 2 centimètres. Depuis les premiers jours, Urèthre idem. Toujours crachats venant du pharynx. — Le 4 août. Ecchymose jaune dans tous les points, son étendue diminue par plaques et non sur les bords. La plaie ne se cicatrise pas. Même abondance de pus, même douleur surtout la nuit. Toutefois le fond est moins déprimé. Ecoulement, toujours deux ou trois gouttes de pus le matin, Angine idem. Rejette même quantité de mucosité pharyngienne. — 7. Ecchymose encore très-manifeste au centre effacée dans un point presque complètement. L'écoulement, l'angine n'ont pas varié. On supprime le chlorate à l'intérieur, on l'applique en lotions sur la plaie de l'ecchymose, la proportion du sel est de 5 %. Le lendemain la plaie est plus rouge, un peu moins couverte de pus mais douleur excessive, contorsions, il mord ses draps de douleur. On est obligé d'ôter la charpie imbibée. L'ecchymose offre une teinte jaune claire, disparue dans deux points, les bords sont diminués partout de deux centimètres. — Le 9, moins de sanie purulente sur la plaie, même étendue, toujours douleur intolérable à chaque application. — 10. Suppression à cause de la douleur excessive, bandelettes. Ecchymose offre encore 0,12 verticalement. Plaie aussi étendue qu'aux premiers jours.

CLINIQUE MÉDICALE DE LA FACULTÉ.

Hôpital de la Charité.

Service de M. le professeur PIORRY.

Salle Sainte Anne, n° 20.

N° 56.

Syphylis constitutionnelle. — *Ulcères* spécifiques. — Ecoulement vaginal. — Traitement des deux par le chlorate à l'intérieur. — Insuccès.

La nommée Latteur, Florence, âgée de 22 ans, profession : couturière, demeurant rue du Four-Saint-Germain, n° 19, 10° arrondissement, née au Hévon (Seine-Inférieure). Entrée le 4 août 1857.

Antécédents. — Vaginite il y a deux ans, enfant non venu à terme, à 6 mois 1/2 accouchement le 12 juillet. — Il vit onze jours et ne présente pas de traces d'accidents syphilitiques. *Début* après la grossesse, écoulement, boutons aux grandes lèvres, sur les fesses et au niveau du sacrum. Pas de rraitement antérieur.

Etat actuel. — Ecoulement vaginal, muco-pus verdâtre, chancres indurés sur la grande lèvre droite, sillon inter fessier, trois ulcérations superposées d'égale grandeur et de 0,02 de diamètre chaque, forme spécifique, bords à pic, fond grisâtre et comme couvert d'une fausse membrane. — Douleur spontanée. — Pas de traces de syphilis sur d'autres points du corps. — Gencives un peu rouges. Etat général, pouls 64, respiration 20. Digestion très-bonne, urine normale. Pas de douleurs ostéocopes. — Traitement : potion chlorate de potasse 4 grammes, dans la tisane 4 grammes. — Le 5. Examen au spéculum. — Leucorrhée abondante, col ulcéré sur les deux lèvres. 6. Même état local et général, ces ulcérations aussi larges. Ecoulement vaginal toujours abondant, l'on cautérise avec le crayon deux des ulcérations. 7, urine un peu augmentée sans que la quantité de boissons ait changé. Appareils divers, rien de notable, ulcérations id. — 10. Pas de cicatrisation, toujours écoulement blennorrhagique. — 11. Toujours pas de salivation, pas de mucus nasal, urine moins qu'avant hier. Elle n'urine pas plus qu'avant d'être à l'hôpital. Des trois ulcérations, deux se sont presque cicatrisées, ce sont celles qui ont été soumises à la cautérisation ; la troisième non cautérisée est toujours la même avec les mêmes caractères. L'écoulement vaginal est aussi abondant. Les ulcérations des grandes lèvres sont dans le même état. — Le 13. Rien encore sous l'influence de la potion en dix jours ; insuccès complet contre l'ulcération par l'usage interne. — 14. Lotions. — 15. Les ulcérations sont toujours dans le même état, seulement un peu plus sèches, mais pas cicatrisées. — 16. Exeat. sur sa demande.

CLINIQUE CHIRURGICALE DE LA FACULTÉ.

Hôpital de la Charité.

Service de M. le professeur VELPEAU.

Salle Sainte Vierge, n° 5.

N° 57.

Ulcère chronique traumatique dû à un coup de pied. — Guérison par le borax en lotion.

Le nommé Detrie, Romain-Claude-François, manouvrier, demeurant à La Villette, boulevard de la Butte-Chaumont, 28, né à Bourguignon-les-Conflans (Haute-Saône). Entré le 13 août 1857.

Antécédents. — Coup de pied à la fin de mai dernier, par suite ecchymose qui dure quinze jours. Développement de l'ulcération à la fin de juin, grandit progressivement jusqu'à son entrée où elle est à son maximum.

Etat actuel. — Deux ulcères larges de 0,03 c. dans tous les sens, bords saillants durs comme calleux; fond jaune, sanieux saignant non fétide. Un ulcère inférieur ayant les mêmes dimensions que le précédent ressemblant en tous points à une surface eccémateuse, saignante, rouge, douloureuse, avec bords à peine saillants, autour de ces ulcères le tissu cellulaire est infiltré. On commence le 14 : le chlorate de potasse en lotion, cuisson. — 15. Sècheresse évidente. — 16. Bords affaissés. — 17. La cicatrisation a gagné de 0,02. — 18. Ulcère supérieur bord et fond affleurés, l'ulcère inférieur est déjà sec et à demi cicatrisé sans bourgeons charnus. La solution est à peine légèrement piquante. — 19. L'ulcère inférieur est presque complètement sec. Le supérieur n'offre plus que 0,02 verticalement et seulement 1 centimètre et demi en travers, le fond est très-sec toujours un peu déprimé. — 20. Sècheresse complète et formation d'un épiderme très-mince et luisant à la surface de tout l'ulcère inférieur. — 21. L'ulcère principal n'a plus que 1 centimètre et demi verticalement et 1 centimètre en travers, fond bourgeonneux toujours un peu déprimé, pas de douleur, cependant un peu de cuisson causée par l'eau. — 23. 1 centimètre seulement en tous sens. — 26. Les progrès n'ont pas été notables depuis hier. — 28. Dimension un peu diminuée. Sa surface est celle d'une lentille. — 30. La cicatrisation est complète à cela près d'un point imperceptible. Le borax a donc guéri cet ulcère en dix-sept jours sans cuisson comparable à celle produite par le chlorate de potasse.

Il peut donc être mis avec avantage au moins dans le cas actuel en parallèle avec le chlorate de potasse.

CLINIQUE MÉDICALE DE LA FACULTÉ.

Hôpital de la Charité.

Service de M. le professeur PIORRY.

Salle Saint Charles, n° 22.

N° 58.

Ulcère variqueux. — Chlorate en lotion sur l'ulcère. — Douleurs assez vives, marche lente de l'ulcère vers la cicatrisation.

Le nommé Boisey, François, âgé de 62 ans, profession : boulanger, demeurant rue Belhomme, né à Hennebon (Morbihan). Entré le 2 août 1857.

Antécedents de famille. — Sa mère portait de nombreuses varices. — *Personnels.* Il en portait lui-même dès sa jeunesse (25 ans), formation d'ulcère alternativement guéri et reproduit. Début de la dernière récidive il y a deux mois.

Etat actuel. — Varices extrêmement gonflées sur toute la jambe droite. La saphène interne est développée jusqu'au pli de l'aine. L'ulcère offre en étendue transversalement 0,03 c. verticalement 0,02 c. autour de l'ulcère principal, trois ulcérations : l'une au-dessous de lui, les deux autres en dedans. Fond sanieux de toutes ces ulcérations. — Le 3. Solution de chlorate de potasse à 5 p. 0[0. — Le 5. Dessication de l'ulcère principal d'où disparition de la fétidité. Les trois petits ulcères sont eux-mêmes desséchés, leur surface est blanche. — Le 7. Les trois petits ulcères complètement cicatrisés par voie de dessication. L'ulcère principal a perdu 5 millimètres de son étendue sur les bords, mais inégalement. La pellicule semble marcher de bas en haut, les bords supérieurs n'ont pas varié. — Le 9. Toujours sécheresse, diminution de la largeur de l'ulcère principal, il n'est plus que de 0,02 c. en travers et 1 cent. 1[2 verticalement. — Le 11. En travers, la dimension de l'ulcère est la même qu'au début. Le bord inférieur monte vers le supérieur et la largeur de l'ulcère n'est plus que de 0,12 mil. — Le 13. Pas de progrès depuis avant-hier ; l'ulcération a pris la forme d'un arc, dont la corde est de 0,02 c., la plus grande largeur varie entre (0,12 mil. au milieu), et (0,01 c. sur les bords) ; notons que le malade marche. — Le 15. Etat encore stationnaire. — Le 17. La largeur et la longueur sont toujours les mêmes.

On le voit, pour cet ulcère aussi bien que pour tous les autres, traité par les divers moyens usités, la marche vers la guérison se divise en deux parties : une première très-rapide c'est celle des améliorations progressives, elle dure douze à quinze jours ; une deuxième celle de l'état stationnaire que le chlorate lui-même ne fait varier qu'à grand peine. (Demi succès.)

CLINIQUE CHIRURGICALE DE LA FACULTÉ.

Hôpital de la Charité.

Service de M. le professeur VELPEAU.

Salle Sainte Vierge, n° 31.

N° 59.

Luxation de la clavicule gauche, ecchymose de 0,09 d'étendue dans tous les sens, divisée en deux moitiés d'égale grandeur occupant chacune une région sous-claviculaire. Elles disparaissent, celle de gauche beaucoup plus vite. — (Cinq jours plutôt) sous l'influence de ventouses et d'eau blanche. La seconde étant traitée par l'expectation seulement. Le chlorate de potasse à l'intérieur ne nous semble pas avoir agi (aussi rapidement que les deux moyens extérieurs ci-dessus) dans les cas où nous l'avons employé.

Le nommé Moreau, Etienne-Joseph, âgé de 51 ans, profession maçon, demeurant à Clichy, route de la Révolte, né à Aulnay (Seine-et-Oise). Entré le 12 août 1857. — *Début*. Le 8 août il est pris sous un éboulement de mur, par suite, luxation de la clavicule gauche. Le lendemain 9, toute la face antérieure de la poitrine est couverte d'une large ecchymose. Il reste trois jours sans traitement. — Le 12. Entrée. *Etat actuel.* Tous les signes physiques et fonctionnels d'une luxation complète de la clavicule gauche. Deux larges ecchymoses couvrant toute la surface des deux pectoraux. A gauche l'épanchement est plus épais. Teinte bleuâtre au centre, jaune sur les bords. Dimension pour celle de gauche 0,09, celle de droite 0,06. Traitement, 4 ventouses sur l'épaule gauche. — 13. Pas de modification notable, on couvre toute la région sous claviculaire gauche de liquide résolutif froid (eau blanche). On abandonne l'ecchymose du côté gauche à elle-même. — Le 15. La teinte bleuâtre a disparue. Du côté gauche il reste une nuance jaune et claire, à droite l'ecchymose non modifiée. — Le 17. A gauche, la peau offre une teinte presque normale sous la clavicule droite même teinte que les premiers jours. — Le 19. Disparition complète de l'ecchymose gauche. — Le 21, elle a disparu du côté droit, à cela près d'une teinte jaunâtre légère.

Il résulte de ce fait que les ventouses sur une surface ecchymosée, secondée par les applications d'eau blanche, amènent très-vite la résorption du sang épanché. Les ecchymoses traitées par le chlorate à l'intérieur ont été bien loin de nous offrir la même promptitude. Bien qu'on en ait dit.

Après tout est-il besoin de traiter une ecchymose simple surtout quand on voit ces deux ecchymoses, l'une traitée. l'autre sans traitement, guérir à la si faible distance de cinq jours.

CLINIQUE CHIRURGICALE DE LA FACULTÉ

Hôpital de la Charité.

Service de M. le professeur VELPEAU.

Salle Sainte Vierge, n° 14.

N° 60.

Contusion du pied. — Ecchymose traitée par l'eau blanche. — Résolution rapide. — On constate une fracture des deux derniers métatarsiens.

Le nommé Jouanneton, Louis, âgé de 57 ans, ouvrier des ports, demeurant rue d'Allemagne, 36, à la Villette, né à Clamecy (Nièvre).

Entré le 4 août 1857.

Le 30 juillet, il reçoit sur le pied une contusion violente pour laquelle il est admis à l'hôpital de Lariboisière, salle Napoléon ; cataplasme pendant quatre jours. L'ecchymose qui recouvrait son pied s'étendait du coup de pied jusqu'à la racine des orteils, fuse autour de la malléole externe dans les trois jours qui suivent son entrée, quitte Lariboisière pour entrer à la Charité.

État actuel. — 4 août. Il présente sur le pied une large ecchymose bleuâtre au centre, jaune sur les bords, étendue sur toute la face dorsale du pied depuis la région méta-carpienne en entourant la malléole externe jusqu'à la racine des orteils. — Le 5. On entoure le pied de compresses imbibées d'eau blanche que le malade arrose dès qu'elles sont desséchées. — Le 7 et le 8. Pas de changement notable. — 9. Les bords de l'ecchymose reviennent çà et là sur eux-mêmes, dans les points où l'épanchement sanguin était le moins abondant. — Le 13. L'ecchymose a conservé la même teinte dans les points correspondants au milieu des trois derniers métatarsiens. — Le 15. Un bandage serré comprime la collection sanguine et est toujours arrosé d'eau blanche. — Le 17. L'ecchymose n'est plus visible à la base des orteils. — Le 19. La peau entourant la malléole externe a repris sa couleur normale. — Le 21. La face dorsale du pied n'offre plus qu'une légère teinte jaunâtre qui le 22 a fait place à une coloration presque normale des téguments de la région. — Le 24. Aspect normal de la face dorsale du pied.

En tenant compte de l'*abondance* du sang épanché on voit que la résorption s'est opérée bien rapidement.

CLINIQUE MÉDICALE DE LA FACULTÉ.

Hôpital de la Charité.

Service de M. le professeur PIORRY.

Salle Sainte Anne, n° 20.

N° 61.

Syphilis, ulcère. — Dessication de l'ulcère. — Douleurs ostéocopes nocturnes. — Névralgie. — Angine glanduleuse, chlorate de potasse à l'intérieur ; insuccès. Le succès est complet contre l'ulcération, nul contre la syphilis et l'angine.

La nommée Malecot, Victoire-Adèle, 22 ans, rue de Verneuil, dixième arrondissement. Née à la Chapelle-Gauthier (Seine-et-Marne).

Antécédents personnels. — Femme rachitique, l'altération osseuse a porté sur le membre inférieur et sur le bras gauches.

Il y a deux ans elle vit se développer sur la jambe gauche une ulcération de 0,04 centimètres de diamère remarquable par la fétidité de son produit et par sa résistance à tous les moyens de cicatrisation.

Etat actuel. — 4 août. Sur la jambe gauche on voit çà et là quelques plaques jaunes cuivrées. Une ulcération large de 0,05 centimètres dans tous les sens, occupe la partie moyenne du mollet. Cette ulcération est entourée d'une bordure violacée, les bords sont peu saillants mais découpés à pic, le fond est grisâtre, sanieux, couvert çà et là de croûtes jaunâtre fendillées faciles à détacher; l'odeur de la sanie purulente qui en découle est extrêmement fétide et comme pathognomonique. La pression est douloureuse, l'os sous jacent est légèrement tuméfié. Dans tout le trajet de l'os la malade se plaint de douleurs ayant leur maximum la nuit. Elle offre tous les signes de l'angine glanduleuse, toux gutturale fréquente (hem). Expulsion de mucosités pharyngiennes, pouls 60, 62, respiration 22, urine normale peu abondante.

Traitement. — Potion de chlorate de potasse 4 gr., plus 4 grammes également dans la tisane. — Le 5. Même état, n'a pas dormi la nuit par suite des douleurs qu'elle ressent dans le tibia gauche. L'aspect de l'ulcération a changé, la sanie est moins abondante. On est frappé d'une sécheresse surtout notable à la circonférence, le malade n'a pas marché hier, on lui conseille la marche aujourd'hui pour mieux constater la part qui revient au repos dans l'amélioration. — Le 6. L'amélioration est la même, l'urine n'est pas plus abondante, pas d'apparence de salivation, pouls 62, respiration 20. Toujours sécheresse malgré la marche. Même état de l'angine glanduleuse, même insomnie et aussi même intensité des douleurs ostéocopes. — 8. Formation de croûtes sèches à la surface de l'ulcère, circonscrivant des espaces où le fond d'ulcère apparaît à nu et parfaitement cicatrisé. Au-dessous des croûtes et en les soulevant légèrement, on voit qu'il s'est accumulé une certaine quantité de pus que la pression fait suinter à la circonférence. L'odeur de ce pus est extrêmement fétide ; on élève la dose du chlorate à 6 gr. — 12. Nous enlevons toutes les croûtes qui recouvraient l'ulcère, au-dessous d'elles se montre une surface en partie cicatrisée, en partie irrégulière, anfractueuse et suintant encore du pus. Les douleurs nocturnes de la jambe n'ont pas perdu de leur intensité. — 10. L'angine glanduleuse, même état; elle crache beaucoup. Même état granuleux, urine normale, réaction au chlorate. Le chlorate de potasse employé jusqu'ici à l'intérieur ne semble guère avoir produit d'amélioration de la syphilis et de l'angine. On le donne en lotions à 5 p. 0[0. — 13. La plaie de la jambe a subi sous cette influence une dessication bien autrement rapide que ces jours derniers, à peine reste-t-il un point au centre qui ne soit pas complètement desséché et recouvert d'une pellicule cicatricielle. Toutefois les douleurs ostéocopes sont toujours aussi intenses. Julep, iodure de potassium 1 gram. — 14. La sécheresse est complète, les douleurs ostéocopes n'ont pas varié notablement, la cicatrisation est complète. — Le 16. Intensité des douleurs bien moindres. — 17. Elle a dormi parfaitement et la cicatrisation de l'ulcère s'est consolidé. Exeat.

Ces faits prouvent une fois de plus que le chlorate de potasse si tant est qu'il est de quelqu'efficacité contre la syphilis ne l'a pas démontré dans le cas actuel. Il est resté impuissant dans un délai où l'iodure de potassium a produit des modifications favorables et rapides. Comme toujours, la granulation de l'angine glanduleuse et les hypersécrétions muco-purulentes persistent.

CLINIQUE CHIRURGICALE DE LA FACULTÉ.

Hopital de la Charité.

Service de M. le professeur VELPEAU.

Salle Sainte Vierge, n° 54.

N° 62.

Ulcère variqueux, traité par des lotions de borax à 2 p. 0/0; guérison parfaite en quatorze jours.

Le nommé Chatron, François, âgé de 45 ans, marchand des quatre saisons, demeurant rue de la Colombe, 10, à Paris, né au Moiteret (Ain). Entré le 14 août.

Antécédents. — Depuis 8 ans il se plaint de varices siégeant surtout sur la jambe gauche souvent enflammée et compliquée d'ulcérations. On emploi tous les traitements ordinaires, et dès la première semaine de travail, le malade affirme que les ulcérations se reproduisaient par suite de fatigue, et de la position verticale que sa profession imposé.

Etat actuel. — Varices répandues sur toute la jambe gauche au niveau du mollet, sur la face postérieure du membre une ulcération subdivisée en deux ulcères par un pont cicatriciel. L'ulcère supérieur offre 3 centimètres de diamètre en tous sens, l'autre 0,02 verticalement et 0,03 dans le sens transversal; le fond de ces ulcères est sanieux, à odeur fétide, les bords sont blancs, peu saillants. — Le 15. Pour traitement lotions de borax à 2 p. 0[0. — 16. Sécheresse, fond de la plaie dépouillé de la couche jaunâtre qui la recouvrait, le fond est complètement affleuré avec les bords. Il est vrai de dire que l'ulcération n'intéressait que les couches les plus superficielles du derme. — 17. On ne voit pas de bourgeons formés, le point de départ de la cicatrisation seulement, les saillies et les anfractuosités primitives de la plaie sont recouvertes de la pellicule blanchâtre que nous avons déjà constatée sur d'autres ulcères. — 18. La dessication et la cicatrisation se sont avancées de 0,02 en tous sens. La solution de borax n'est pas douloureuse à peine quelques cuissons dès les premiers jours. — 19. Les bords de la cicatrisation se sont avancés au point que chaque ulcère n'offre plus que 0,15 mil. de diamètre dans tous les sens. — 20. Chaque ulcère n'a plus que 0,12 mil. — 21. Tout ce qui n'est pas recouvert de cicatrice ne semble plus cependant ulcéré à cause de la dessication de la plaie. — 23. 0,008 mil. seulement de diamètre. — Le 28. Cicatrisation complette. Exeat. Voici une guérison au moins aussi rapide que celle dont on fait honneur au chlorate de potasse et à coup sûr moins douloureuse.

CLINIQUE CHIRURGICALE DE LA FACULTÉ.

Hôtel-Dieu.

Service de M. le professeur RICHET.

Salle Sainte Marthe, n° 4.

N° 63.

Ulcère variqueux. — Chlorate de potasse. — Malléole interne de la jambe droite.

Le nommé Lavarde, Jacques-Jean-Baptiste, âgé de 50 ans, chapelier, demeurant rue de Braque, n° 5, 7e arrondissement, né à Orléans. Entré le 25 juillet 1857.

Antécédents. — Debout 16 heures par jour. Varices. Traitement antérieur, une foule d'onguents, bandes de diachylon cautérisation, etc. Cicatrisations très-fréquentes durant un mois en moyenne. Toutefois il a eu cet ulcère pendant 8 ans toujours ouvert.

Début de l'état actuel. — Il reste dix mois de suite à la Charité, sort avec une pellicule rouverte au bout de deux mois, l'ulcère persiste depuis six mois. Hémorrhagies répétées assez abondantes par la surface ulcérée. Nous avons été témoin d'une de ces hémorrhagies, le malade a perdu deux verres de sang environ. Dimension actuelle 0,06 de hauteur sur 0,05 de largeur, sanie fétide, perte de substance. Lotions à 5 °/o au chlorate. — 27. Sécheresse déjà notable. — 28. Sanie encore assez abondante en levant la charpie. Douleur très-vive causée par la lotion et durant pendant un quart-d'heure chaque fois. — 30. 0,015 mil. de cicatrisation sur les bords. — 2 août. Le fonds s'affleure avec les bords, — 2 août. Sécheresse très-grande, le malade dit qu'il n'a jamais vu aucun médicament le guérir aussi vite, un peu de saignement. — 6. L'ulcère n'a plus que 0,05 verticalement, 0,03 en travers. — 8. Toujours progrès assez rapides. Plus de douleurs dues au pansement. — 10. 0,03 de haut sur 0,02 de large. Il marche très-peu s'assied seulement. — 15. Largeur d'une pièce de 0,50 c. — 17. Il ne reste plus qu'une largeur de 0,01 c. de diamètre. Les bords toujours un peu saillants. La cicatrice est très-adhérente aux parties sous-jacentes, elle ne se déplace pas par les tiraillements imprimés à travers ou verticalement. — 18. Nous constatons à chaque pansement que malgré toutes les précautions le chlorate de potasse dessèche la plaie au point qu'en enlevant la charpie qui la recouvre celle-ci entraine avec elle une partie de la pellicule cicatricielle déjà formée, et par suite le sang coule à la surface de l'ulcère.

En somme chaque pansement répété retarde d'autant la cicatrisation de la plaie. Il est donc nécessaire dans le traitement des plaies par le chlorate de potasse de ne pas faire de pansements fréquents, il faut laisser la charpie en place et l'arroser avec la solution ou mieux encore de recouvrir le pansement d'une large bande de diachylon capable d'empêcher l'évaporation de la solution et de la perspiration. — Le 22. La plaie est réduite au diamètre d'une lentille et cependant elle ne se cicatrise pas.

Si on presse les parties voisines on voit sourdre à travers l'orifice un liquide blanchâtre, nous sommes en droit de supposer qu'il s'est formé là une de ces fistules lymphatiques si communes dans quelques ulcères invétérés.

Le 24 août, on cautérise la fistule avec la pierre. On cesse le chlorate et on panse avec des bandes de diachylon.

Le 25 le malade s'étant levé toute la journée on constate qu'il s'est infiltré de la lymphe plastique entre la pellicule cicatricielle et le fond de l'ulcère. Cette pellicule est enlevée mais non sans quelques difficultés, au-dessous d'elle, la surface de l'ancien ulcère est cicatrisée, mais il reste toujours une petite fistulette qui résiste à tous les moyens de cicatrisation (ce dernier fait communiqué par M. le professeur Richet.).

CLINIQUE CHIRURGICALE DE LA FACULTÉ.

Hôtel-Dieu.

Service de M. le professeur RICHET.

Salle Sainte-Marthe, n° 70.

N° 64

Cancroïde de la face. — Ulcération. — Succès remarquable du chlorate de potasse.

Le nommé Bader, Jean-Paul, âgé de 73 ans, profession bottier, demeurant rue de la Cité, 28, 9e arrondissement, né à Donauschnigen (Bade). Entré le 28 juillet.

Début. — Il y a 20 ans on a employé tous les moyens. Dernièrement il a été soumis à l'action du caustique de Vienne chez M. Velpeau.

Etat actuel. — Ulcération cancroidale siégeant sur la joue gauche au niveau des arcades zygomatiques, descendant jusqu'au niveau de la commissure labiale prolongée. Bords un peu saillants. Le fond est sans bourgeons. Ecoulement de sanie mêlée d'une assez grande quantité de sang. — 29 juillet. Traitement par le chlorate en solution dans la proportion de 5 °/₀ Lotions le matin et le soir. — 30. On remarque une sécheresse plus grande. Disparition de la sanie. Aspect moins rouge, moins de saignement. — 2 août. Cuissons vives causées par les lotions, elles sont tolérables cependant. L'ulcération est vraiment bien améliorée, nous ne voyons plus ni sang ni sanie, ni fétidité par suite.

Notons que le mode de cicatrisation qui s'effectue ici par

dessèchement de la surface et sans l'intermédiaire d'une couche de bourgeons granuleux, comme cela a lieu dans les ulcères en général.

L'étendue de l'ulcère est bien diminuée, elle se borne à 0,07 horizontalement et 0,03 verticalement. — Le 7. Le malade souffre peu, si ce n'est quand on enlève ses compresses trop sèches, chaque pansement détermine aussi du saignement. — 8. L'ulcère est recouvert d'une teinte opaline. Bons effets évidents sans trop de douleurs. — 9. L'ulcération n'a plus que 0,02 de largeur et 0,06 de long. Au début il présentait 0,09 verticalement et 0,06 transversalement. Pas de douleurs. — 10. Toujours 0,06 en travers et 0,01 verticalement, toujours un peu de cuisson. Le reste est couvert d'une pellicule blanche, bleuâtre et molle, étendue comme une couche pultacée à la surface de l'ulcère. — 11. Reste seulement 0,01 de largeur. — Toujours saignement facile. — 14. Longueur de 0,04. — 16. Largeur de 0,002. Plus de douleurs dues aux lotions. — 18. On cesse le traitement. Etat le même, sans récidive encore visible.

Le 30. — Aujourd'hui il ne reste plus que quelques points isolés non cicatrisés, représentant à peine 1/8 de la plaie existant lors de l'entrée du malade. Quoique tout fasse espérer une cicatrisation complète, il est bon de dire cependant que depuis quelques jours la cicatrisation traîne en longueur, et que l'ulcère ne fait plus à beaucoup près, les mêmes progrès que dans les premiers jours de l'application du chlorate de potasse (ce dernier fait communiqué par M. le professeur Richet).

FIN.

Coulommiers. — Imprimerie A. MOUSSIN.

www.ingramcontent.com/pod-product-compliance
Lightning Source LLC
Chambersburg PA
CBHW072001090426
42740CB00011B/2038
* 9 7 8 2 0 1 3 4 9 8 2 4 1 *